W0065496

CHRISTIAN MEIER
DER HISTORIKER
UND DER ZEITGENOSSE

CHRISTIAN MEIER

DER HISTORIKER
UND DER ZEITGENOSSE

Eine Zwischenbilanz

Siedler

Verlagsgruppe Random House FSC® N001967
Das für dieses Buch verwendete FSC®-zertifizierte Papier *EOS*
liefert Salzer, St. Pölten.

Erste Auflage

Copyright © 2014 by Siedler Verlag, München,
in der Verlagsgruppe Random House GmbH

Umschlaggestaltung: Rothfos + Gabler, Hamburg
Satz: Ditta Ahmadi, Berlin
Reproduktion: Aigner, Berlin
Druck und Bindung: Friedrich Pustet, Regensburg
Printed in Germany 2014
ISBN 978-3-8275-0048-9

www.siedler-verlag.de

Inhalt

Zu diesem Buch

Die Abschiedsvorlesung von Christian Meier am 19. Juli 2012 an der Ludwig-Maximilians-Universität in München war ein Ereignis. Noch unter dem Eindruck des Vortrags entstand der Wunsch, diese letzte Vorlesung zusammen mit Meiers legendärer Antrittsvorlesung vom 6. Juni 1968 in Basel über *Die Wissenschaft des Historikers und die Verantwortung des Zeitgenossen* zu einem Buch zusammenzufassen.

Als dieser Wunsch an Christian Meier herangetragen wurde, erwähnte er einen Studenten, der ihm interessante Fragen stelle. Ob das nicht etwas für die Spanne dazwischen sei? So fanden fünf biographische Gespräche zwischen Christian Meier und Georg Frühschütz (Jahrgang 1986) ebenfalls Eingang in diesen Band.

Es bot sich an, in der Gegenwart zu beginnen und die Abschiedsvorlesung an den Anfang zu setzen. Es folgen die Gespräche, die in großen Bögen die Arbeit des Historikers zurückverfolgen und einen Einblick in Erfahrungen und Einsichten des Zeitgenossen bieten. Den Schluss bildet die programmatische Basler Antrittsvorlesung.

Abschiedsvorlesung
19. Juli 2012,
Ludwig-Maximilians-Universität München

Génoito d'an pan en toi makroi chronoi, alles kann passieren (oder auch entstehen) im Laufe einer langen Zeit. So liest man es bei Herodot, dem Vater der Historie (5,9,3).

Alles treibt die lange, unzählbare Zeit (*ho makros kan-arithmetos chronos*) hervor aus dem Verborgenen, und das ins Licht Getretene verbirgt sie wieder. Nichts, was man nicht zu erwarten hätte. So heißt es bei Sophokles im Aias (646ff.), etwa eine halbe Generation zuvor.

Und etwa 200 Jahre davor hatte Archilochos (74 D.) gedichtet; nichts sei *aëlpton*, also unerwartbar, unmöglich, seit Zeus die Mittagszeit in Nacht verwandelt und der hellen Sonne Licht sich verbergen ließ. Kalte Angst beschlich da die Menschen.

Alle drei Aussagen laufen auf das gleiche hinaus: Man muß, zumindest im Laufe der Zeit, mit allem rechnen. Die Anlässe, die die Autoren zu dieser Art Feststellung bringen, sind unterschiedlich. Archilochos hatte gerade eine Sonnenfinsternis erlebt. Aias will (übrigens zum Schein) einen Sinneswandel begründen, indem er ihn als Niederschlag einer allgemeinen Erfahrung darstellt: Es ist ja überhaupt mit allem zu rechnen. So konnte man es in der damaligen Zeit auf erschreckende Weise erfahren.

Herodot hat es mit Behauptungen zu tun, die er zwar für unglaubwürdig hält; aber ausschließen, daß sie wahr sind, kann er auch nicht. Denn es kann eben alles passieren im Laufe einer langen Zeit.

Der Erkenntnis Herodots liegt unter anderm die Wahrnehmung eines ganzen Komplexes unerhörter Begebnisse voraus, von denen er handelt. Sie schließen sich zu etwas völlig Neuem zusammen, das er ergründen will: Wo nämlich éine Welt gewesen war, Griechen und Barbaren – man kann auch sagen Europa und Asien – umfassend, sind jetzt zwei. Denn zwischen Griechen und Barbaren hat sich ein tiefer Spalt aufgetan; sie haben sich verfeindet. So hat es Herodot verstanden und ganz ernst genommen. Dies galt es zu erklären. Deswegen hat er seine historischen Untersuchungen angestellt. Was es bedeutet, für was es steht, daß dieser Mann dazu gekommen ist, erstmals eine Historie zu konzipieren, wird heute stark unterschätzt; darauf wird gleich noch zurückzukommen sein. In Wirklichkeit nämlich ist es eine der größten Entdeckungen gewesen, die erst und nur in der damaligen Zeit (abgesehen vielleicht von den Chinesen) möglich war.

Jedenfalls sieht man in dieser beiläufigen Bemerkung, wie schon der »Vater der Historie« auf eine der zentralen Konstellationen historischen Weltverständnisses gestoßen ist, vielleicht gar stoßen mußte, wenn er denn zur Geschichtsforschung gelangen wollte: Es ist alles – oder schränken wir es etwas ein: unendlich vieles – möglich, zumindest im Laufe langer Zeit. Man muß, ich würde zuspitzen: man darf aber nicht alles glauben. Im Hinblick auf seine Quellen sagt Herodot an anderer Stelle: Ich muß berichten, was mir berichtet wird. Glauben muß ich es nicht.

Anders gesagt: Man hat als Historiker einerseits offen zu sein dafür, daß die Angehörigen der Gattung Mensch ein unglaublich reiches Bukett von Möglichkeiten haben, nicht nur zu handeln und zu denken, sondern auch, was die Völker angeht, sich und ihre Verhältnisse, ihre Mentalität auszuprägen. Unter Umständen mit derart verwunderlichen Ergebnissen, daß man – wenn man sie ernst nimmt – als Phantast angesehen werden kann. »Das gibt's doch gar nicht«, kann es dann heißen. Andererseits hat der Historiker zu urteilen, das Phantastische eher auszusondern aus dem Bereich des Möglichen, und dann kann sich überraschenderweise auch zeigen, daß ganze Reihen von Dingen in einer bestimmten Zeit nicht erkennbar, geschweige denn veränderbar waren. Man muß sich vorsehen, daß sich in das Urteil nicht die aus der eigenen Zeit, der eigenen Lebenswelt gespeiste Erfahrung einmischt; zugunsten von etwas, was man als Normalität bezeichnen könnte, worein sich indes immer auch Wünsche, teilweise geradezu Allmachtsphantasien mischen können.

»Die Menschen machen ihre eigene Geschichte«, hat Karl Marx festgestellt, aber er schränkt sogleich ein, »sie machen sie nicht aus freien Stücken«. Entsprechend muß der Historiker sich immer wieder der Untersuchung von Begrenzungen der Möglichkeiten hingeben. Sonst wird seine Arbeit zum Würfelspiel. Anlaß genug also immer wieder, und immer wieder anders, über Offenheit und Begrenzungen von Kulturen, von Gesellschaften – und von Gruppen und Individuen innerhalb der Gesellschaften – wie von Historikern nachzudenken.

In der Spannung zwischen Offenheit für all das Mögliche und realistischer Wahrnehmung der Grenzen zwischen Möglichem und Unmöglichem hat der Historiker sich zu bewegen. Stets bereit, sich überraschen zu lassen; ebenso bereit aber auch, dem letztlich Unglaubwürdigen mit seinen Mitteln auf den Leib zu rücken. Und stets in der Gefahr, in der einen oder anderen Richtung zu weit zu gehen. So gehört es zu den Herausforderungen, den Reizen, dem Faszinierenden dieses Berufs.

Warum kommen hoch ausgebildete Kulturen wie das alte Ägypten, wie die verschiedenen großen Reiche in Mesopotamien oder an dessen Rändern, im Laufe von Jahrtausenden über monarchisches Regiment niemals hinaus? War das Zufall? Ist zufällig keiner unter Millionen und Abermillionen von Menschen, die unter diesen Verhältnissen über die Zeiten hin gelebt haben, auf die Idee gekommen, daß es anders sein könnte? Oder wenn einer darauf kam, ist er dann abgeprallt an Grenzen des Aufnahme- und Vorstellungsvermögens oder auch am Widerstand hinreichend vieler Anderer?

Gewiß, man konnte sich über die Monarchen beklagen, aber nur um sie an ihre Pflichten, in Ägypten an die Ma'at, zu erinnern, die Weltordnung. Das Reich konnte zerfallen, aber nur indem sich einzelne Fürsten, kleinere Monarchen an die Stelle des einen Pharao setzten.

Es waren großartige, in manchem vielleicht gar wundervolle Kulturen, die in verschiedenen Teilen der Welt entstanden. Sie waren zu höchst bemerkenswerten Leistungen fähig. Wo sie sich aber große Spielräume erschlossen, zogen sie offenbar, korrespondierend dazu, zugleich allem Denken und Streben Grenzen, die sich in Jahrtausenden nicht überqueren und schon gar nicht durchstoßen ließen.

Oder nehmen wir die römische Republik, ein ursprünglich kleines Gemeinwesen, eine Stadt mit einem gewissen Umland. Sie war in der Lage, sich den ganzen Mittelmeerraum und manches darüber hinaus zu unterwerfen, ja dies alles in eine zunächst zwar mangelhafte, auf längere Sicht aber doch erstaunlich stabile und handhabbare politische Form zu fassen. Sie war andererseits bereit und fähig, Dichtung, Kunst und Philosophie der Griechen zu rezipieren. Und doch war die römische Bürgerschaft, ja war indirekt der ganze Herrschaftsbereich, in ihrer Organisation durch enge Begrenzungen des Denk-, des Vorstellungs- und natürlich auch des Handelns- und Veränderungsvermögens bestimmt. Sie konnte sich aus dem tief ins Mentale eingeprägten aristokratischen Regiment, als es vielfältig versagte, als es mit offener Gewalt bis zum Bürgerkrieg nicht fertig wurde, nicht lösen. Als schließlich eine Monarchie unausweichlich wurde, konnte sie sich zwar auf Soldaten, auf Söldner, aber nicht auf ein Volk gegen den Adel stützen, mußte sie sich vielmehr als eine Art Fortsetzung der Aristokratie mit andern Mitteln in das Gegebene einfügen.

Ganz – oder doch weitgehend – anders die Griechen. Zwar waren auch sie in eine Reihe von Begrenzungen eingefangen. Nie gelangten sie über ihre Poleis als politische Einheiten hinaus. Nie über den männerbündischen Charakter dieser Poleis und über die Sklaverei. Nie auch kamen sie dazu, Arbeit hochzuschätzen, und kaum je konnten sie daran denken, wissenschaftliche Erkenntnisse in den Dienst von Produktion zu stellen, geschweige denn, sie um derentwillen zu erstreben. Und doch waren sie zur Ausbildung von Demokratie und zu unerhörtester Entfaltung von Freiheit disponiert. Befähigt, sich all dem zu stellen, was sich vor ihnen, auf ihren durchaus riskanten Wegen an Problemen auftat; ja befähigt, die Erfahrung des Bruchs mit den gleichsam naturwüchsigen Voraussetzungen von Recht und Zusammenleben nicht zu verdrängen, sondern sich ihr zu stellen, bis ins Mutwillige hinein, und daraus im Dichten, Gestalten und Denken vielerlei Konsequenzen zu ziehen. Derart, daß daraus geistige Ansprüche erwuchsen, die bis heute Unruhe stiften, auf die dann insbesondere, so oder so, auch die christliche Theologie sich zu antworten genötigt sah, mit Konsequenzen, die möglicherweise die europäische Kultur derart prägten, daß sie ohne die Griechen nicht denkbar wäre.

Fragen über Fragen also. Was ist jeweils erwartbar? Allgemein gesagt: Kann man, muß man den Kreis des Erwartbaren jeweils einschränken? Gerät man dabei als Historiker vielleicht allzusehr in die Gefahr, Menschen Möglichkeiten abzusprechen, die sie durchaus gehabt haben könnten? Wie steht es dann mit der menschlichen Freiheit?

Eine Zeit wie die unsere, in der ungeheuer, unheimlich vieles möglich geworden ist, was früher undenkbar war, mag darin, wenn sie sich überhaupt noch mit Geschichte abgeben will, anders denken als frühere. Aber vielleicht – so könnte der Historiker einwenden – verfällt sie damit nur um so größerer Täuschung? Vielleicht bestehen oder entstehen in den Entgrenzungen unserer Tage auch neue – und vielleicht gar erschreckende – Begrenzungen unserer Möglichkeiten? Vielleicht bilden wir uns vieles an Möglichkeiten überhaupt nur ein, und es ist auch heute keineswegs alles erwartbar und – machbar? Denn es gibt noch ein anderes Problem zwischen Offenheit für Möglichkeiten und dem Grenzen setzenden respektive wahrnehmenden Urteil. Das ist die Frage, was je zu bewirken, ja, was zu erkennen möglich war, und zwar speziell im Politischen. Hier neigt das aus der Gegenwart sich speisende Urteil zumeist eher dazu, den Umkreis des Möglichen weit zu ziehen; anzunehmen also, daß, sei es die gestaltende Kraft von Politikern, seien es Potenzen der Gesellschaften – oder der Vereinten Nationen – in der Lage sind, mit allen möglichen Krisen fertigzuwerden, zumindest über kurz oder lang. In Wirklichkeit zeigt sich aber auch hier die Spannung zwischen der Offenheit für viele Möglichkeiten und der Notwendigkeit, vielerlei Grenzen wahrzunehmen.

*

Die Vorlesung heute steht in einem doppelten Zusammenhang. Sie bildet einerseits den Abschluß der Vorlesung dieses Semesters über die griechische Geschichte im 5. Jahrhundert, andererseits soll sie für mich die letzte überhaupt sein – im fünfzigsten Jahr meiner Vorlesungstätigkeit; die erste habe ich 1963 in Heidelberg gehalten. Ich versuche, die beiden Zusammenhänge zu verknüpfen.

Die erste Vorlesung hatte die Geschichte der späten römischen Republik zum Thema. Krise und Niedergang also. Vorherrschend in der Forschung war damals die Meinung, daß das römische Weltreich nur von einer Monarchie regiert und behauptet werden konnte. Die Ablösung der Republik schien jedenfalls überfällig zu sein. Und man schob es auf allerhand Mängel, grundsätzlich vermeidbare, also schuldhafte Mängel der damaligen Politiker, daß sie das nicht gesehen und entsprechend gehandelt haben.

Indem ich zu ergründen suchte, warum die Republik unterging, fand ich dann aber heraus, daß die Konstellationen des Handelns und Denkens, ja die ganze Struktur der Republik, auch der späten Republik, damals gar keinen Anhaltspunkt geboten hätten, um das Bestehende aus den Angeln zu heben oder auch nur Wesentliches an ihm zu verändern. Heute würde ich formulieren, wer anderes behauptete, hatte im Grunde das Bild eines Staates vor sich, den man hätte reformieren können. Rom aber hatte keinen Staat, sondern war eine aristokratisch dominierte Bürgerschaft. Die Möglichkeiten zur Reform waren eng begrenzt. Schließlich kam es dazu, daß man, nach Livius, weder die *vitia*, also die Mängel, noch die *remedia*, die Heilmittel, ertragen konnte. Verallgemeinert man diesen Befund, so ging es darum, das völlige Verstricktsein einer Gesellschaft in bestimmten Verhältnissen zu entdecken und zu analysieren. Die offenkundigen Mängel, die sie in den Bahnen ihres Lebens und Denkens mitbewirkten, ja verstärkten, konnten die Römer damals spüren, aber nicht erkennen und schon gar nicht begreifen, ganz zu schweigen davon, daß sie sie hätten beheben können. Sie hätten sich dabei selbst im Weg gestanden.

Die Notleidenden, insbesondere auch die, die die Zeche bezahlten, die Leute in den Provinzen, waren wehrlos. Kein Gedanke daran, daß sie sich hätten formieren können zu einer Kraft, die das Bestehende hätte in Frage stellen, die dessen Probleme zum Gegenstand offener Auseinandersetzung und damit wirklich erkennbar hätte machen können. So fehlte die Alternative. So waren die Verhältnisse lange Zeit stärker, mächtiger als alle potentiell mächtigen Männer und Institutionen. Die Gesellschaft war nicht Herr ihrer Ordnung.

Was dann passierte, daß nämlich einige herausragende Persönlichkeiten, gestützt auf ihre Armeen, in Bürgerkriegen die überkommene Führungsschicht samt der Ordnung zermürbten und aufrieben, bis der letzte Sieger – Augustus – auf den Trümmern der Republik (übrigens unter Respektierung ihrer Hinterlassenschaft) seine Monarchie errichtete, war mehr oder weniger unumgänglich.

Wenn man das so feststellt, leugnet man nicht die Freiheit des menschlichen Willens. Auch nicht die Möglichkeit, daß Zufälle den Gang der Ereignisse mitbestimmen können. Und selbstverständlich hätte die Republik noch einige Jahre oder Jahrzehnte weiterbestehen können, wenn sie es nicht mit einem Mann wie Caesar zu tun bekommen hätte.

Aber man behauptet, daß sich ein direkter, auf Erkenntnis, Einsicht und schließlich Willen zur Veränderung gegründeter Übergang zu einer Monarchie aller Wahrscheinlichkeit nach nicht hätte eröffnen können. So wie die Republik beschaffen war, war es also möglich, viel Macht in den Verhältnissen, aber kaum Macht über sie zu gewinnen.

Rechnet man aber mit solchen objektiven Grenzen menschlicher Handlungsmöglichkeiten oder gesellschaftlicher Reformfähigkeit, gerät man heute leicht in den Ruf, Determinist zu sein. Und zumindest eines muß ich zugeben: Die Frage nach dem jeweils Menschen-, Gesellschafts- und Epochenmöglichen hat mich seit den Anfängen meines Studiums, seit den Erfahrungen mit NS-Regime, Krieg, Nachkrieg und DDR ziemlich dringlich beschäftigt. Und immer wieder bin ich auf dessen Grenzen gestoßen.

Wohl muß man in der historischen Arbeit genau zusehen. Muß alle Wirklichkeit auf der Folie anderer Möglichkeiten sehen, gegen das Faktische gleichsam immer die
Gegenfrage nach anderen Möglichkeiten setzen, so daß
dessen Selbstverständlichkeit und vielleicht sogar dessen
Wahrscheinlichkeit in Frage gerät. Wenn man der Dynamik autonomer, also aus sich selbst heraus angetriebener
Prozesse nachgeht, sollte man gerade das auch dazu nützen, Spielräume auszuloten. Aber oft genug kommt man
auch dann, nach meiner Erfahrung, darauf, daß die Verhältnisse – um es so zu formulieren – stärker sind als alle
menschliche Verfügungsmacht. Wie gesagt, in den Verhältnissen kann man oft viel ausrichten, aber über die Verhältnisse Macht zu gewinnen, ist zuweilen nicht so leicht
möglich.

Die Sache ist, nebenbei gesagt, im Moment ja besonders gut zu studieren an unserer Eurokrise. Läßt sie sich
meistern oder nicht? Ist menschliche Verfügungsmacht
ausreichend, um ihr beizukommen, oder muß sie vor ihr
versagen? Kaum einer wagt, auch nur diese Frage zu stellen. Übrigens könnte diese Krise auch ein sehr schönes
Beispiel für etwas sein, das man die Ironie der Geschichte
nennt.

Nachdem nach dem Zweiten Weltkrieg eine ganze
Reihe der üblichen Fehler von Siegern und Besiegten
durch kluge Politik vermieden worden ist, zieht die letzte
virulente Kriegsfolge, die Spaltung des Landes, im Moment ihrer Überwindung die nach meinem Urteil höchst
fragwürdige Einführung des Euro nach sich. Vielleicht
die größte oder gar die einzig große Fehlentscheidung in
Sachen Europa nach dem Zweiten Weltkrieg. Und, eine
weitere Ironie, es ist Deutschland weniger als etwa ein

Land wie Griechenland dadurch betroffen, das im Krieg unter uns zum Teil erheblich gelitten hat; einstweilen jedenfalls.

*

Ich habe die Hinweise auf den Gegenstand der ersten Vorlesung hier an den Anfang gestellt, weil sich von da ein sehr schöner Kontrast ergibt zu derjenigen dieses Semesters über die griechische Geschichte im 5. Jahrhundert, in welcher das Menschenmögliche so völlig anders, geradezu ungeheuerlich erscheint. Ein paar griechische Städte siegen über das persische Weltreich. Ihre Bürger entfalten ungeheure Fähigkeiten auf den verschiedensten Gebieten; in Militärwesen wie Handwerk, in bildender Kunst wie Dichtung, in Rhetorik wie in der Kultur der Debatte, in Wissenschaft und Philosophie. Sie entwickeln die Fähigkeit, ganze politische Ordnungen zu entwerfen und zu verwirklichen. Die Bürger oder genauer: verschiedene Teile der Bürgerschaften (auch der breiten Schichten), werden Herren ihrer Ordnung. Und das alles wird bewußt in einem triumphalen Könnensbewußtsein. Das Ganze nimmt sich aus wie ein welthistorischer Ausnahmezustand von großer, kaum zu bändigender Faszination. Jacob Burckhardt hat es für die Zeit des Perikles in Athen formuliert; sie sei »vollends ein Zustand, dessen Mitleben sich jeder ruhige und besonnene Bürger unserer Tage verbitten würde, in welchem er sich todesunglücklich fühlen müßte. Und dennoch muß ein Gefühl des Daseins in den damaligen Athenern gelebt haben, das keine Sekurität der Welt aufwiegen könnte.« Es war eine Aufbruchszeit sondergleichen, die freilich für viele dann in einer Katastro-

21

phe endete, welchselbe aber dasjenige nicht betraf, was als
ungeheures Vermächtnis dieser Zeit fortwirken sollte –
womit sich dann neue Fragen anschließen, die wiederum
mit dem Menschenmöglichen zu tun haben. Damit käme
ich zum Abschluß der Vorlesung dieses Semesters über
das 5. Jahrhundert.

*

Wir sind vorgestern zur letzten Phase des Peloponnesischen Kriegs gelangt. Sparta hat endlich eine Flotte, der
persische Satrap, zumal der junge Prinz Kyros, unterstützt es großzügig mit dem nötigen Geld. Das alte Frei-
heitspathos der Abwehr gegen Persien ist längst verraucht.
Immer mehr der attischen Bundesgenossen schlagen sich
auf die Gegenseite. Aber noch ist die Stadt in der Lage,
Mittel zusammenzukratzen, ihrerseits Flotten zu bauen
und in Schlachten zu siegen. Allein, was sie, was jedenfalls
eine Mehrheit in der Volksversammlung sich noch keineswegs einzugestehen bereit ist: Sie kann den Krieg nicht
mehr gewinnen. Sie kann ihn höchstens verlängern. Zweimal nachdem sie einen Sieg erfochten hat, bieten die
Spartaner Frieden an, aber Athen lehnt ab respektive stellt
so hohe Bedingungen, daß die Spartaner darauf nicht eingehen können. Man hat so viel geopfert, so viel verloren,
daß man meint, gewinnen zu müssen. Oder auch: man
war so lange so überlegen, daß man sich nicht vorstellen
konnte, es jetzt nicht mehr zu sein. Ein Prozeß Pathologi-
schen Lernens also (in dem die Rückkopplung nicht funk-
tioniert und man je das Falsche tut) hat eingesetzt.

Schließlich verliert man aber doch die letzte Schlacht.
Als die Nachricht davon abends spät im Piräus anlangte,

soll ein Jammern vom Hafen durch die langen Mauern nach der Stadt hin sich fortgepflanzt haben, von einem zum anderen. So kam es, daß in jener Nacht keiner Schlaf fand, da alle nicht nur die Gefallenen betrauerten, sondern noch viel mehr sich selbst, in der Erwartung, sie würden erleiden müssen, was sie einst den Bürgern von Melos angetan, nachdem sie sie durch Belagerung überwältigt hatten; und auch denen anderer Städte. Sie hatten nämlich die Männer gemordet und Frauen und Kinder in die Sklaverei verkauft.

Warum hat Athen diesen großen Krieg verloren? Hier wäre zunächst der Historiker des Kriegs, also Thukydides zu Rate zu ziehen. Ich möchte zuvor aber kurz noch auf seinen Vorgänger, den Vater der Historie, Herodot, eingehen. Ihm verdanken wir ja die große, welthistorisch völlig neue Entdeckung, daß einschneidende Ereignisse, tiefe Veränderungen nicht unbedingt als das Werk eines Gottes, als Vollzug eines Schicksals oder periodischer Umläufe zu verstehen sind. Dergleichen Deutungen kennen wir aus anderen Hochkulturen, und Herodot (wie gewiß auch viele Griechen seiner Zeit) klammerte sich ebenfalls gern daran. Man kann ja manches besser verstehen, wenn man einen tieferen Sinn darin vermutet. Es gibt dann kein Mißverhältnis zwischen Ursache und Wirkung. Allein, Herodot gab sich damit nicht zufrieden. Sein wissenschaftlicher Anspruch ging weit darüber hinaus. Auch wenn er für das Schicksal einzelner Dynastien Hinweise auf einen höheren Sinn, die seine Berichterstatter ihm gegeben hatten, wiedergibt, zeigt sich also, daß viele längere Abläufe, daß vor allem das Gesamtgeschehen, dem er auf der Spur war, Menschenwerk war, dem Handeln verschiedener historischer Subjekte, ihren Interaktionen unter

Beimischung von Zufällen zu verdanken. Jedenfalls müssen sie so nachvollzogen werden, als Abfolgen von Handlungen und Ereignissen.

Aischylos hatte den Sieg der Griechen darauf zurückgeführt, daß der Perserkönig Xerxes in seiner Hybris über seine Grenzen hinausgezielt hätte. Der Gedanke begegnet auch bei Herodot. Aber für ihn ist er nicht mehr maßgebend.

Daß ein so großes Geschehen nur historisch, in der Nachzeichnung von Ereignissen verstanden werden konnte, war eine ähnlich bedeutende Entdeckung wie die vorangegangene des Xenophanes, wonach auch die Kultur Menschenwerk war. Woanders kennen wir dergleichen, vielleicht mit Ausnahme Chinas, nicht. Ich habe jedenfalls kein weiteres Beispiel dafür gefunden.

Thukydides hat Herodots Methode und seine Ansätze übernommen, verfeinert und noch viel strenger gehandhabt. Er hat sich große Mühe gegeben, die Abläufe zu rekonstruieren und zugleich zu lernen zu geben, wie sie zustandekamen. Jeder der jeweiligen Kontrahenten schmiedete etwa seine Pläne, aber herauskam in der Regel etwas drittes. Und in all dem spukte eine geheimnisvolle, quasi leibhaftige Größe herum, für die Thukydides den Namen *ho parálogos* geprägt hat: »der Denkwidrige« oder »der Unberechenbare«. Also nicht *das* Unberechenbare oder Denkwidrige im Neutrum, sondern eben *der* Unberechenbare, *der* Denkwidrige, gleichsam ein zwielichtiger Geselle, der sich überall einzumischen pflegt. Merkwürdigerweise tritt ein Bruder von ihm bei Clausewitz auf. Dort heißt er nur »der Fremdling«, denn Clausewitz schreibt: »Der Krieg ist das Gebiet des Zufalls. In keiner menschlichen Tätigkeit muß diesem Fremdling ein solcher

Spielraum gelassen werden.« Beide großen Denker über den Krieg personifizieren also das, was wir gerne achselzuckend den Zufall nennen. Ist es falsch, wenn man annimmt, daß diesem zwielichtigen Gesellen derart respektvoll nur begegnen kann, wer wirklich mit allem Aufwand und aller Kunst auch den Krieg berechnen, berechnend begreifen wollte und sich am Ende keinen Illusionen mehr hingibt?

Wir stehen hier vor einem eigentümlichen Problem der Geschichtsschreibung. Denn das Bedürfnis, längerfristige Abläufe zu verstehen, kann sich selten mit der einfachen Rekonstruktion der Ereignisabfolgen ganz zufriedengeben.

Thukydides hat das auch nicht getan, und es sind ihm da methodisch hochinteressante Einsichten gelungen. Ich habe vorgestern schon auf seine These hingewiesen, daß die Prophasis, der »wahrste Grund« des Krieges, die Furcht Spartas vor der wachsenden Macht Athens gewesen ist. Alles, was man im Ablauf an Ursachen zu entdekken meint, waren also nur Symptome. Hier kommt etwas anderes ins Spiel, und das sind hochinteressante Spuren einer prozessualen Betrachtungsweise, wie sie der Antike an sich fremd war. Denn deren Versuche des historischen Verstehens enden ja zumeist bei den beteiligten Menschen, ihren Plänen, ihrem Handeln, ihren Auseinandersetzungen, innerhalb deren sich der Fremdling Zufall herumtreibt. Bei den Prozessen hingegen handelt es sich eher um ein Getriebensein durch eine Macht, die die Menschen unter sich erzeugen, zumeist durch unbeabsichtigte Nebenwirkungen intentionalen Handelns, und von der sie gleichsam über sich selbst hinausgeführt werden, in eine bestimmte Richtung.

Das geschieht für Thukydides schon gleich nach den Perserkriegen. Denn er spricht dort von den *pragmata* (und man kann das Wort hier kaum anders übersetzen als mit »Handlungskonstellationen«), aufgrund derer die Athener dazu kamen – oder gar dazu getrieben wurden –, ihre Überlegenheit auszubilden und ihre Herrschaft zu begründen. Dabei ergab sich letzten Endes ein eigentümlicher Prozeß. Aus ihren Erfolgen schöpften sie Zuversicht, und die Zuversicht verhalf ihnen zu weiteren Erfolgen. Sie machten dabei einen der trügerischsten Faktoren, die Hoffnung nämlich, zur Basis ihrer Erwartungen. Wager – ich übersetze nicht Wagende, wie es die meisten tun, sondern Wager, um dadurch wiederzugeben, daß es sich hier um ein vermutlich von Thukydides neu geprägtes Wort, *tolmētai*, handelt, also: – Wager waren die Athener auch über das eigene Vermögen, Gefahrläufer auch über vernünftige Erwägung hinaus. So Thukydides. Noch in gefährlicher Lage (*en deinoís*) seien sie *euelpídes*, voller Hoffnung. Schon die Perser hätten sie mehr durch Wagemut als durch eigene Kraft, übrigens auch mehr durch richtiges Urteil (*gnṓmē*) als durch Zufall (*týchē*) besiegt. Einmal heißt es (dies nun schon im Peloponnesischen Krieg), man muß es sich auf der Zunge zergehen lassen: »Im Genuß ihrer glücklichen Lage« hätten sie beansprucht, »daß sie das Mögliche in gleicher Weise wie das kaum Mögliche (und zwar) sowohl mit großer als auch mit dürftigerer (also weniger zureichender) Rüstung erreichten.« Wie wenn sie ein Abonnement auf das Glück gehabt hätten. Man hatte folglich – hören wir – wenig Chancen, wenn man ihnen riet, sie sollten sich doch mit dem zufriedengeben, worüber sie verfügten (was ja schon eine ganze Menge war), anstatt unter hohen Risiken immer mehr zu wollen.

Den Alkibiades läßt Thukydides sagen, Athen müsse immer weiter ausgreifen. Täte es das, so bleibe es seiner Art treu. Im Kampf gewinne es neue Erfahrung und Wehrhaftigkeit. Verharre es dagegen bei dem, was es habe, dann werde es vergreisen und bald der Herrschaft anderer unterliegen. In gewissem Sinne war das mit der radikalen Demokratie in Athen gegeben, denn die war so auf Aktivität weiter Teile der Bürgerschaft ausgerichtet, daß es sich aufdrängte, dieser Aktivität über das Routinemäßige hinaus Ziele zu setzen.

Perikles hatte einen Kriegsplan entworfen, der auf die Defensive zielte, aber eben damit hatte dieser Kriegsplan wenig Aussicht auf Erfolg, sobald Perikles die Athener nicht mehr an der Kandare hatte.

Das äußerste, was sie dann riskierten, die Eroberung Siziliens, hielt Thukydides militärisch für möglich; das war das Urteil eines Strategen. Damit war aber nicht gesagt, daß man die Insel auch behaupten könnte – und wie weit Athens Kräfte dadurch überstrapaziert worden wären. Denn wenn auch sein Wagemut es über das hinaustrug, was seine Kräfte vermochten, so konnte die Diskrepanz zwischen den beiden doch weit überspannt werden.

Wenn man in der Einschätzung seiner Kräfte seine Mittel stets mit dem Koeffizienten Hoffnung multipliziert, müssen sie irgendwann überfordert sein. Und so bewundernswert die attische Demokratie war – so wenig wir Anlaß haben, die Urteilskraft auch des breiten Volkes gering zu veranschlagen –, am Ende scheint die Selbstüberschätzung doch mit ihm durchgegangen zu sein – in einem ganzen Prozeß, aus dem es wohl nicht mehr herauskonnte.

Es ist auffällig, wie sehr ein Gedanke, den man eigentlich eher Herodot als Thukydides zugeschrieben hätte, bei Thukydides eine beachtliche Rolle spielt, daß nämlich große Mächte im Krieg an sich selbst scheitern. Freilich stellt er es als Ergebnis einer Analyse, nicht als Vollzug eines Schicksals dar. So habe es sich beim Perserkönig verhalten, so wurde es der athenischen Sizilienexpedition vorausgesagt, und so seien die Athener schon manchesmal wegen ihrer eigenen Fehler unterlegen. Perikles erklärt bei Thukydides: »Ich fürchte weit mehr unsere eigenen Fehler als die Pläne der Gegner.« Vielleicht läßt sich auf Athen auch anwenden, was er als allgemeine Erfahrung anführt: *Kataphrónēsis*, Verachtung der Anderen, wie sie leicht mit Überlegenheit einhergeht, habe schon so viele zu Fall gebracht, daß man sie besser *aphrosýnē* nenne, Torheit.

Könnte es also sein, daß Thukydides' Deutung der Niederlage auf ein Selbstverschulden Athens hinausgelaufen wäre?

Es könnte noch etwas anderes hinzukommen, das höchst auffällig ist, nicht als direkte Aussage, aber doch durch das Arrangement, wie schon Karl Reinhardt gezeigt hat. Vor der Sizilienexpedition schiebt Thukydides den sogenannten Melierdialog ein, die wohl brutalste Demonstration athenischer Macht. Man wollte die Insel Melos, so heißt es, ins eigene Bündnis zwingen. Die Melier aber wollten nicht. Es war eigentlich auch gar kein Anlaß dazu da. Die Athener handelten aus gleichsam wild gewordener Machtgier, und das bekunden sie in diesem Dialog. Sie berufen sich auf das Recht des Stärkeren, während die Melier für sich die Freiheit, die Götter und die Gerechtigkeit anführen. Lauter Dinge, die in den Augen der Athener nichts zu bedeuten hatten. Es sei denn, man würde die

Götter ganz anders verstehen, denn von ihnen behaupten die Athener, sie dächten genauso wie sie. Es sei nämlich ein Zwang der Natur, daß jeder herrscht, so weit er überhaupt nur kann. Auf das Angebot der Melier, Athens Freunde zu sein, antworten die Athener, ihre Feindschaft sei ihnen viel lieber. »Denn der Haß ist für die, die wir beherrschen, ein Zeichen unserer Macht.« Schon Perikles hatte vom Haß der Beherrschten auf Athen gesprochen, aber wie von etwas, das sich nicht vermeiden ließ, das man in Kauf nehmen müsse. Jetzt dagegen wollen die Athener den Haß geradezu erzeugen, als Herrschaftsmittel.

Unmittelbar darauf folgt die Darstellung der Sizilienexpedition. Ihr Ende nennt Thukydides das bedeutendste Ereignis von allen in diesem Krieg, vielleicht von allen, welche überhaupt aus griechischer Überlieferung bekannt seien. Und dann formuliert er ihr Ergebnis, indem er die Worte geradezu übereinander türmt; *katá pánta*, auf der ganzen Linie, *pantōs*, ganz und gar, *nikēthéntes*, besiegt, *kai oudén olígon es oudén kakopathēsantes*, unter Leiden, von denen keines in keiner Hinsicht etwa klein war, *panōlethríai to legómenon*, mit Stumpf und Stiel, wie man sagt, gehen Fußvolk und der Rest der Flotte unter und: »Nichts, was nicht vernichtet worden wäre. Wenige von vielen kehrten heim.«

Es fällt kein Wort darüber, daß Athens so maßlose, zynische Politik, wie sie im Melierdialog ihren krassesten Ausdruck findet, den Kriegsverlauf negativ beeinflußt hätte. Nicht der Haß an sich, nicht einmal die katastrophale Niederlage in Sizilien führt zum Zusammenbruch der Herrschaft Athens; vielmehr daß Sparta – übrigens angeleitet durch den Athener Alkibiades – sich endlich zu energischer Offensive aufrafft (und daß die Perser zahlen).

Und trotzdem fragt man sich, ob Thukydides hier nicht neben der Macht- und Ereignisrechnung noch eine andere Rechnung aufmacht. Wenn sich dieses Athen so verhält, wenn es solche Grundsätze befolgt, *durfte* es dann vielleicht gar nicht siegen? Die nachwirkend maßgebende, für uns beispielhafte, aber damals doch vor allem maßlose Stadt, eigentlich ein Fremdkörper unter den Poleis, die zuletzt immer mehr ins Wüten geriet (schließlich beschloß die Volksversammlung etwa, allen Gefangenen die rechte Hand – oder den rechten Daumen, die Überlieferung ist nicht eindeutig – abzuhauen, damit sie nie wieder kämpfen und rudern könnten): War diese maßlose Stadt also schon aus moralischen Gründen eigentlich unerträglich?

Aber wie auch immer Thukydides ans Ende seiner Historie gelangt wäre, wohl gab es viele Möglichkeiten, wie sich die Dinge hätten weiterentwickeln können. Vielleicht war es wirklich erst das Geld der Perser, das die Sache Athens unrettbar verloren sein ließ? Eigenartig, der Sieg über die Perser hatte den unerhörten Aufschwung Athens und doch wohl auch die klassische Kultur möglich gemacht, und nun war es wieder die östliche Vormacht, an der so vieles hing am Ende eben dieser Periode griechischer Geschichte.

Allein, nach der Niederlage in Sizilien wäre es Athen wohl jedenfalls schwer geworden, ohne große Verluste an der eigenen Herrschaft aus dem Konflikt wieder herauszukommen. Man kann eine Herrschaft auch an der Ägäis nicht nur auf eine Flotte gründen. Man kann eine Demokratie, ohne die unter damaligen griechischen Verhältnissen eine solche Flotte so leicht nicht hätte zustandekommen können, nicht davon abhalten, einer in ihr angelegten starken Dynamik, dem Immer-mehr-Wagen treu zu bleiben.

Schließlich also mußte sich Athen sehr mühsam zum Frieden aufraffen. Ja, es konnte froh sein, daß die Spartaner der Absicht einiger Bundesgenossen widersprachen, die Stadt dem Erdboden gleichzumachen. Aber die Flotte mußte bis auf zwölf Schiffe ausgeliefert werden, die Mauern wurden geschliffen, und zwar unter Flötenmusik. Die Demokratie wurde gestürzt, ein grausames, blutrünstiges Regiment von dreißig Tyrannen übernahm die Stadt. Demokraten, die geflohen waren, eröffneten den Bürgerkrieg, gewannen endlich die Oberhand. Die Spartaner mußten vermitteln. Der innere Friede wurde wiederhergestellt, zumal mit Hilfe einer großen, der ersten großen und erstaunlicherweise erfolgreichen, entsprechend auch damals schon viel bewunderten Amnestie der Weltgeschichte. Einem Wunderwerk, bedenkt man die starken griechischen Rachegelüste. Es gelang auch nur mit Mühe, nicht mit den Mitteln moderner Rechtsstaatlichkeit, sondern dank des immer wieder erneuten Einsatzes vieler Bürger. Am Ende erwies Athens wiederhergestellte Demokratie also ein ganz außerordentliches Maß an Selbstdisziplin. Und sie hatte eine Zukunft. Im Übrigen mußte Krankenvorsicht walten. Das 5. Jahrhundert war vorbei.

*

Zum Abschluß dieser Vorlesung, die damit chronologisch an ihr Ende gekommen ist, wäre aber noch einiges zum Problem der welthistorischen Bedeutung und möglichen Nachwirkung dieses Jahrhunderts zu bemerken.

Es erfolgte ein sehr tiefer Bruch mit dem Herkommen, also mit jenem im Lauf einer langen Zeit gewachsenen Komplex mehr oder weniger selbstverständlicher Grundlagen des Zusammenlebens, der gegenseitigen Verständigung und des Rechts. Hier und da war gewiß auch vorher schon manches an den Polis-Ordnungen geändert worden, gar nicht so wenig sogar, aber das hatte keinen Anlaß gebildet, das Ganze in Frage zu stellen. Sei es, daß es nicht für so gravierend gehalten wurde, sei es, daß man sich bis auf kleine Minderheiten damit schnell hatte abfinden können. Oder daß man gar nicht darauf kam, so auf das Allgemeine hin zu fragen. Daß das Herkömmliche richtig sei, kann man jedenfalls zuvor kaum bestritten haben.

Was jetzt geschah, eben dieser tiefe Bruch, hat nach meinem Wissen keine Parallele vor der Spätantike, vielleicht überhaupt nicht vor dem Jahrhundert der Aufklärung und der Französischen Revolution. Denn es wurde damals nicht nur mit vielerlei Überkommenem gebrochen, sondern es wurde dieser Bruch auch, zumindest in weiten Kreisen, unverstellt wahrgenommen, also im Denken und Dichten bewußtgemacht und zur Konsequenz getrieben. Dergleichen muß ja nicht sein. Die Fähigkeit von ganzen Gesellschaften, solche Brüche (vielleicht nachdem man sie zunächst empfunden hat) zu verkleistern und über sie hinwegzuleben, ist groß. Sie hat auch bei den Griechen nicht gefehlt, aber durchgesetzt hat sie sich zunächst einmal und für einige Zeit nicht. Dieser Bruch war jedenfalls etwas ganz Außerordentliches, ganz Einschneidendes und endlich äußerst Folgenreiches.

Daß die Herstellung der ersten Demokratie der Weltgeschichte, ausgerechnet im großen Athen, sofort als tiefer Bruch empfunden worden ist, zeigt sich deutlich an Aischylos' *Orestie*, die in ihrem letzten Teil einen Umbruch inszeniert, wobei man lernt, daß davon sogar die Götter (und die Theologie) tangiert waren und neu ins Spiel gebracht werden mußten. Nur so war deutlich zu machen, wie der Umbruch zu verstehen war, ja wofür er vielleicht sogar gut sein konnte; daß man andererseits seine Konsequenzen aber auch einfangen mußte, in Mäßigung.

Die große Aufwertung der unteren Bürgerschichten, von lauter Leuten ohne Ar und Halm, muß in ganz Griechenland als unerhört empfunden worden sein. Daß sie selber in der größten, der weithin schon herrschenden Stadt nahezu alle wichtigen Entscheidungen trafen, stellte alles in Frage, was sich innerhalb der in der gemeingriechischen Öffentlichkeit durchaus noch maßgebenden Aristokratie an Auffassungen von rechtem Regiment und von der Befähigung dazu gebildet hatte. Wie sollte das gutgehen? Und als es dann überraschenderweise wirklich gutging, mußte herkömmliches Denken zusätzlich irritiert werden.

Die Herrschaft Athens über weite Teile der Ägäiswelt brach zudem mit dem in Jahrhunderten entstandenen Nebeneinander mehr oder weniger autonomer Griechenstädte. Und so taten es zahlreiche Maßnahmen, die die Stadt für nötig hielt, um ihre Überlegenheit zu sichern, womit dann vermacht war, daß aus ihrem großen Bündnis zunehmend eine Herrschaft wurde. Ständig widersprach das Angebrachte dem Hergebrachten. Und es tat sich eine Schere auf zwischen den Möglichkeiten einer kühnen Vernunft und den Ängsten vor der Verblendung, der sie anheimfallen konnte. Denn da mußte manches als unheimlich erscheinen.

Und dann – besonders fühlbar – wurde man sensibel für die Frage nach der Gerechtigkeit. Wo man vorher innerhalb eines Komplexes von Sitte, Brauch, Herkommen, Recht gelebt hatte, innerhalb dessen dies und jenes zwar durch Gesetze verändert, verfeinert oder stabilisiert werden mochte, im übrigen aber alles sich gleichblieb, da wurde jetzt so vieles durch Gesetze also willkürlich geregelt, daß der Bereich des Gesetzesrechts praktisch fast den gesamten Komplex einzunehmen schien – und der Rest als *ágraphoi nómoi*, also ungeschriebene Gesetze, rangierte. Sitte, Brauch, Herkommen schrumpften mithin zu einem kleinen Restposten. Den größten Teil des ganzen Komplexes nahmen künftig die Gesetze ein. Es war, wie wenn sich – unter den Voraussetzungen damaligen Denkens – ein Umschlag von der Quantität zur Qualität vollzogen hätte.

Xenophon läßt den jungen Alkibiades mit seinem Onkel und Vormund Perikles debattieren: »Onkel, was ist ein Gesetz?« »Ganz einfach, mein Junge, es ist, was die Volksversammlung nach eingehender Prüfung schriftlich festgelegt hat darüber, was man tun oder was man lassen soll.« »In der Meinung, lieber Onkel, daß man das Gute tun soll oder das Schlechte?« »Natürlich das Gute, mein Junge!« Der Junge fragt, wie es sich in Oligarchie und Tyrannis verhalte, und es stellt sich heraus, alles, was der je maßgebende Teil entsprechend beschloß, wird Gesetz genannt.

Dann aber fragt Alkibiades von der anderen Seite; was nämlich Gewalt und Rechtlosigkeit sei. Sei es nicht, wenn der Stärkere den Schwächeren, ohne ihn zu überzeugen, mit Gewalt zwinge, zu tun, was er wolle? Perikles stimmt zu. Alkibiades folgert, in diesem Sinne erlassene Gesetze des Tyrannen seien somit rechtswidrig. Worauf Perikles seine erste allgemeine Formulierung zurückzieht und sagt: »Nein, nein, das sind keine Gesetze.« Schließlich kommt Alkibiades zum Schluß: »Und wäre wohl das, was das Gesamtvolk über die Besitzenden gesetzlich verordnet, ohne sie zu überzeugen, eher Gewalt oder Gesetz?« Da gibt sich Perikles geschlagen. Carl Schmitt hat einmal davon gesprochen, daß es einen Weg vom Willen zur Tücke des Gesetzgebers gebe. Genau um dieses Problem scheint es hier zu gehen. Länger schon hatte man gewußt, daß verschiedene Völker und Städte verschiedene Gesetze hatten. Aber daß jetzt, denn darauf lief es inzwischen hinaus, bei zunehmender Gesetzgebung in derselben Stadt nacheinander Verschiedenes zum Recht werden konnte, das war neu, ja, es war erschütternd.

Dies alles nun konnte man verschieden aufnehmen und hat es gewiß auch getan. Immer gibt es, wie schon angedeutet, Möglichkeiten, sich über allerlei, wenn nicht über kurz so über lang, hinwegzutrösten oder -zutäuschen. Alle möglichen Fragen lassen sich einkapseln oder wegbügeln.

Allein, es gab damals Leute, beachtliche Leute, die das nicht konnten und wollten, die sich dem neuen Befund folglich geradezu mutwillig stellten, die sich zum Beispiel fragten, was überhaupt Recht sei, sofern man darin einen Niederschlag von Gerechtigkeit zu sehen habe.

Die Gesetze als solche konnten es nicht sein. Sie waren ja beliebige Festlegungen. Also mußte man etwas anderes suchen. Etwa »hochwandelnde, im himmlischen Äther geborene, denen der Olymp Vater ist, und nicht hat sie die sterbliche Natur von Menschen hervorgebracht. Nie kann Vergessen sie einschläfern. Groß ist in ihnen Gott und altert nicht.« Von solchen Gesetzen hatte Sophokles im *Ödipus Rex* (aus dem das Zitat stammt) gedichtet; zuvor schon in der *Antigone*. Aber sie konnten

kaum, allenfalls ganz am Rande, irdische Gesetze ersetzen. So suchten die Intellektuellen der Zeit nach etwas
Abstrakterem, nach der Natur, dem Festen, Sicheren,
nicht der Menschenwillkür Unterliegenden. Nur daß sie
bald darauf kamen, daß es Interpretationssache ist, was
die Natur eigentlich will. Will sie die Gleichheit, oder will
sie, daß der Löwe über die anderen herrscht?

Fragen über Fragen also. Und das Bemerkenswerte,
das überaus Auffällige war, daß sie offen und nach den
verschiedensten Seiten hin und in aller Intensität und
Konsequenz gestellt und diskutiert wurden und daß diese
Diskussion zumindest eine ganze Weile lang auf breitere
Resonanz stieß. Letztlich hielt nichts diesem anspruchsvollen Fragen stand. Nicht die Götter – konnte es sie überhaupt geben, wo es so ungerecht auf der Erde zuging? –,
nicht die Überzeugung, die Bürger seien frei – konnten sie
das denn, wo sie so oft genötigt waren, ganz ungerechte
Beschlüsse zu fassen? Und so wurden unendlich viele Annahmen über unendlich viele Dinge problematisch.

Zudem stieß man überall bei der Suche nach Wahrheit auf nicht zu Ermittelndes. Überall fand man, daß
über ein und dasselbe verschiedene Meinungen bestanden
und daß man dabei stehenbleiben mußte. Der Mensch,
jeder, wie er urteilte, war folglich das Maß der Dinge.

Auch damit konnte man sich schließlich abfinden.
Dabei mußte man sich nicht aufhalten. Das konnte man
sogar zur Basis nehmen, um darauf aufzubauen und immer neue Handlungsmöglichkeiten zu entwickeln. In der
Praxis gab es unendlich vieles zu wissen und zu tun und
andere darüber zu belehren, zu schulen (und dafür Hono-
rar einzusammeln). Man konnte sich gleichsam abwenden
von all den Aporien, die sich im Theoretischen auftaten.

Aber man konnte auch die letzte Konsequenz des Theoretischen ins Auge fassen, das heißt die völlige Bodenlosigkeit, zu deren Erkenntnis die Wahrnehmung der verschiedenen Brüche geführt hatte. Und dann mußte man sehen, wie man damit im einzelnen fertig wurde.

Das eben war die Sache des Sokrates. Und er kam, wie man weiß, zu der Überzeugung, daß menschliche Weisheit nur sehr wenig oder gar nichts wert sei, daß der Mensch in vielen Dingen nichts wisse. Das galt auch für ihn selbst. Folglich vermutete er, daß er als einziger wirklich weise sei, indem er eben dies wußte. Wodurch er sich aber nicht entmutigen ließ, immer weiterzufragen, was schließlich der Philosophie Platons die Wege wies.

Wenn ich nicht irre, ist damit – und darauf kommt es mir hier an – im 5. Jahrhundert vor Christus eine Barriere durchstoßen worden, die überall sonst, vor und neben den Griechen, menschlicher Erkenntnis sehr viel engere Grenzen gesetzt hat. Die anderen Kulturen sind dazu, soweit ich weiß, nie gelangt.

Man kann sich fragen, ob die Sonderrolle der Griechen durch die Eigenart ihrer Kulturbildung bedingt war, die ja nicht von Herrschaft aus und im Sinne von Herrschaft erfolgte, sondern um der Freiheit willen. Man könnte hinzufügen, daß diese Kultur es im 8., 7. und 6. Jahrhundert erstaunlicherweise auch vermocht hat, vielerlei Herausforderungen, wie sie sich mit dem stärkeren Hineinwachsen in die Welt ergeben mußten, anzunehmen und in ihrem Sinne teils zu nutzen, teils zu erledigen. Sie kannte nicht die Ideologien, die Schranken, die hierarchischen Strukturen, die religiösen Instanzen und Vorkehrungen und was es alles sonst noch ist, was das Bestehen von monarchisch dominierten Hochkulturen über viele Jahrhunderte hinweg ermöglicht.

Sie kannte nicht jenen Magnetismus, der dazu nötigt, verantwortliches Denken über das Ganze der politischen Einheit von oben her anzusetzen, von der Spitze, die man dann gar nicht mehr hätte wegdenken können.

Die so anderen Denkansätze der Griechen waren nur möglich – so ist meine These – in den kleinen Poleis, die von den Bürgern selbst, einem an verschiedenen Stellen sich allmählich ausweitenden Kreis von Bürgern, ausgemacht wurden. Das hieß, die Griechen mußten unter – und in – sich Formen der Balance finden, damit das Zusammenleben funktionierte. Sie mußten das alles selbst leisten. Sie mußten für das alles selbst aufkommen. Mit ihrem Denken, mit ihren Diskursen. Es gab keine Instanzen, die man mit einem gewissen Geheimnis, dem Geheimnis etwa überlegenen Wissens, umgeben konnte, um ihnen dann zu trauen. Und so, wie ihre Ordnung in ihnen selbst ruhen mußte, so mußten sie letztlich von der Mitte, von ihrer Gesamtheit aus denken. Sie mußten sehen, ein in sich ruhendes Modell rechter Ordnung erst zu erglauben und dann zu erdenken, an dem sich ihre politischen Denker und sie selbst orientieren konnten. Wobei ihnen Götter und Priester kaum helfen konnten, sondern nur ein Gott der Theologen, der aber zugleich ein Gott der Philosophen war, da alles, was sie ihm zudachten, aus ihrem eigenen Denken gefolgert wurde. Eben damit verknüpfte sich für diese Griechen das Bedürfnis nach Rechenschaft, das Bedürfnis auch nach Verstehen und ein Bewußtsein der Verantwortung. Aber wie gesagt, das Ganze verblieb zunächst noch auf dem Boden eines ganzen Komplexes von Herkömmlichem.

Dann kamen die Perser, dann gelangen die unwahrscheinlichen Siege der paar Griechenstädte über das östliche Weltreich. Es konzentrierte sich alles auf dem Feld des Politischen und lud dieses Feld mit unerhörten Energien und Spannungen auf. Athen wuchs über Nacht zu einer Großmacht heran. Man hatte auf völlig neue Weise zu handeln. Und man hatte riesige Erfolge und entwickelte daraus ein fulminantes Könnensbewußtsein. Das einzige mir bekannte (entfernte) Äquivalent des modernen Fortschrittsbewußtseins. Als wenn alle möglichen Schleusen geöffnet worden wären, schien man plötzlich dicht daran, Grenzen der Menschheit zu überschreiten.

Sophokles dichtet damals vom Unmaß, von der Überhebung, die zum höchsten Grat hinaufgestiegen aufwärtsstürmt bis in die abgeschnittene, die Not, wo dem Menschen der Fuß unbrauchbar wird zum Auftreten. Man fühlt sich an Goethes »Grenzen der Menschheit« erinnert: »Hebt er sich aufwärts und berührt mit dem Scheitel die Sterne, nirgends haften dann die unsichern Sohlen, und mit ihm spielen Wolken und Winde.« Das bezieht sich zwar so, wie Sophokles das sagt, unmittelbar auf Ödipus. Aber die angsterregende Befürchtung, die darin steckt, ist so ins Höchste gesteigert, daß das athenische Publikum kaum die Warnung überhören konnte, die seinen Dichter veranlaßte, sich (und ihnen) solches auszumalen. Es konnte einen vieles an der athenischen Erfolgsserie, an der athenischen Hybris schwindeln machen. Solches Schwindeln, nebenbei gesagt, griechisch *illingiân*, steht später für Platon, allerdings aus anderen, unmittelbaren Anlässen, am Anfang seiner Philosophie. Was alles dabei noch an Fragen aufkam, lehren uns verschiedene Tragödien auch sonst.

Zwar konnte man, die nötigen Wahrnehmungsab-
federungen (oder gar Wahrnehmungssperren) vorausge-
setzt, damit leben. Man war ja auch ständig beansprucht,
mußte beraten, beschließen, ins Werk setzen, seine Pflichten erfüllen, es mußte auch gehorcht werden.

Aber wer einigermaßen Abstand gewann – und die
Abstände nahmen damals rapide zu, zwischen den Schichten, zwischen den rasch sich jagenden Generationen wie
zwischen den Städten –, also wer einigermaßen Abstand
gewann, wer einigermaßen wachen Sinnes war, konnte
sich offensichtlich damit nicht zufriedengeben. Das zeigen die sophistischen Debatten, in die die Öffentlichkeit
einbezogen war, die Fragen des Sokrates, die er in der Öffentlichkeit stellte, auch die Tragödien, die ja nicht auf
Bildungsbürger, sondern auf breite Schichten berechnet
waren, aus deren Texten man also auf diese Rezipienten
schließen kann.

Ich vermute – und es gibt gute Argumente dafür –,
daß der Anteil der breiten Schichten an der großen Sensi-
bilität, Aufgeschlossenheit, an der geistigen Bewegung der
Zeit, nicht gering war. Man darf sich nicht nur an den ab-
fälligen Äußerungen über sie in den Quellen orientieren, es
gibt auch andere. Und man darf auch nicht annehmen, es
habe ihnen vieles gefehlt, weil sie nicht Klassische Philolo-
gie studiert haben. Sie brauchten das nämlich gar nicht,
weil sie Griechisch schon konnten, und für ihre Sprache
hatten sie sogar nach dem Zeugnis des Gorgias einen ganz
besonders ausgeprägten Sinn. Außerdem kannten sie sich
in den Problemen ihrer Zeit recht gut aus, über längere
Strecken zumindest. Damit war die Luft geregt, in der gedichtet, geformt, gedacht wurde. Übrigens gab es auch
nicht die Autonomie der Kunst. Die Tragiker waren zwar

frei, besaßen hohe Autorität, doch waren sie unmittelbar bezogen auf das Publikum im Theater, die Bürgerschaft.

Und man muß sich vor Augen halten, unter welchen Voraussetzungen griechisches Denken, Dichten und Trachten sich damals vollzog. Die Griechen wollten – Jacob Burckhardt hat das mit gutem Grund formuliert – jeder ein Ganzes sein. Und sie machten miteinander das Ganze ihrer Poleis unmittelbar aus, ohne viel Vermittlung, ohne viel Übertragung von Verantwortung auf andere, ohne viel Delegation von Macht.

Sie dachten, wie schon gesagt, nicht von oben; oben war ja nichts von Gewicht. Sie hatten keinen Staat, der es ihnen ermöglicht hätte, diese Art Perspektive einzunehmen, keinen Staat, der – um es mit Schiller zu sagen – über »ihre Begriffe die Vormundschaft« hätte führen können. Und, wiederum in Anlehnung an Schiller formuliert: Wenn sich höhere Bedürfnisse in ihnen regten, waren sie nicht darauf angewiesen – ich zitiere –, »mit durstigem Glauben die Formeln« zu »ergreifen, welche der Staat und das Priestertum für diesen Fall in Bereitschaft halten«.

Bei allen Unterschieden zwischen Hoch und Niedrig, es gab einige Gleichheit zwischen ihnen. Es gab keine irgendwie ausgeprägten Ränge, keine festgelegten – nicht nur verpflichtenden, sondern geradezu prägenden – Rollen, wie es in Rom der Fall war, vielmehr eine »ständige Mehrrolligkeit« (wenn Sie mir das Wort erlauben). Die attischen Bürger waren ständig sowohl mit Beraten und Beschließen, also Entscheiden, mit Handeln und oft genug auch mit Leiden und mit Beobachten und Besprechen wie mit ihrer eigenen Arbeit beschäftigt. Das ergab – auch für die Adligen – letzten Endes ein Denken aus der Mitte der Bürgerschaft heraus.

So konnten die Brüche, die das fünfte Jahrhundert mit sich brachte, virulent, also so tief, so einschneidend, auch so belebend wahr- und ernstgenommen und bis in ihre Konsequenzen durchdacht werden. Eine Frage ergab sich aus der anderen. Die politische und intellektuelle Unsicherheit, die Verschiedenheit, die Widersprüchlichkeit, die verschiedenen Wandlungen konnten höchst stimulierend wirken.

Man mußte den Dingen auf den Grund gehen und, da der sich immer wieder als nicht tragfähig erwies, immer neu ansetzen: eine Zeitlang jedenfalls. Endlich gelangte der 427 geborene Platon zu der Vermutung, daß Menschen normalerweise überhaupt nur auf Schatten von ganz Anderem fixiert sind.

Indem man sie aber immer weiter verfolgt, werden die Fragen – und das läßt sich schon an der Geschichte der Tragödie beobachten – allgemeiner. Grob gesagt, verschieben sich die Relationen vom Politischen zum Allgemein-Menschlichen. Das Politische, bei den Griechen ohnehin weitgehend das Polisbürgerliche, nicht das Staatliche, enthält ja immer schon ein Gutteil Menschengeschick. Einfache Bürger fanden sich da vor Fragen, was jedenfalls das Ethische anging, die gar nicht so weit entfernt waren von denen, die sie in den Mythen dargestellt fanden, mit denen sie in ihrer Jugend (und immer neu auf vielen Festen) umzugehen gelernt hatten. Die Poleis ließen sich ja auch wie *magni homines* verstehen, genau wie die, die man aus dem Mythos kannte. So können wir auch Tragödien wie die *Orestie* und die *Antigone*, weil sie von vornherein diesen starken Anteil an Allgemein-Menschlichem haben, schätzen und genießen, ohne viel von ihrem historischen Hintergrund zu wissen. Und das gleiche gilt von der künstlerischen, der philosophischen, der historio-graphischen Hinterlassenschaft.

Das alles ist uns bis heute (oder jedenfalls bis gestern) nicht vollständig, aber doch weitgehend zugänglich – in Europa und seinen Ablegern. Für andere, für die Ange-hörigen anderer Kulturen, ist das sehr viel schwieriger. Schließlich haben wir uns seit der Renaissance in diese Welt eingelebt, immer weiter und tiefer. Nicht ohne Grund, hat Jacob Burckhardt erklärt, habe dieses Volk aller Nachwelt sein Studium aufzuerlegen vermocht. »Wer sich dem entziehen will, bleibt einfach zurück.« Allein, ist das nicht allzu europazentrisch gedacht?

Damit bin ich bei der letzten Frage zum 5. Jahrhun-dert. Waren unsere Vorfahren in der Renaissance vielleicht deswegen so bereit, auf die Griechen zu fliegen, weil sie ihrerseits schon ein gewisses griechisches Erbe in sich hat-ten – durch die christliche Theologie, in welche griechische Philosophie in so hohem Maß eingegangen war, eine Phi-losophie, die in der antiken Gesellschaft eine namhafte Breitenwirkung erzielt hatte? Auch dank der (vermittelt über die Araber) schon zuvor rezipierten, zumal aristoteli-schen Philosophie? Durch Vermittlung auch der Römer? So daß, alles zurückgerechnet (und einiges überschlagen), ohne Antike keine Moderne wäre? Nicht unbedingt wegen der Bildungsgüter, die mögen Philistersache sein (wenn man sie jedenfalls zu leicht nimmt), aber wegen der damit wachgerufenen, herausfordernden Fragen, die so leicht nicht zur Ruhe kamen in dieser Kultur um der Freiheit willen; insbesondere seit sie sich unter den so besonderen Umständen des 5. Jahrhunderts so stark radikalisieren konnten? Fragen, die es letzten Endes bedingten, daß trotz aller kirchlichen, bald auch staatlichen und damit zugleich mentalen Bastionen, die das mittelalterlich/neuzeitliche Europa errichtete, stets große intellektuelle Unruhe lebendig blieb und – Rechenschaft forderte, Grund für Gegenpositionen abgab und damit eine Offenheit, Freiheit und Eigenständigkeit des Denkens möglich machte, wie sie Europa dann kennzeichnet? Was auf der Basis der von Rom her gegebenen Voraussetzungen, großer Spannungen und ständiger Veränderbarkeit der politischen (und namentlich auch der wirtschaftlichen und der gesellschaftlichen) Welt virulent werden konnte? Müßte man also die Möglichkeiten und Grenzen der Kulturbildung daraufhin in großem Stile über die Welt hin untersuchen?

Nach Schiller – um ihn noch ein drittes Mal zu zitieren – kann es vorkommen, daß eine »unsichtbare Hand« den abgedrückten Pfeil in einem höheren Bogen und nach einer ganz anderen Richtung führt, als ihm von der Sehne gegeben war. Das wäre hier der Fall. Dann hätte es also einer ganzen, völlig von allen anderen unterschiedenen und dann auch noch (zufällig) ins Grandiose und ins radikale Fragen sich steigernden Kultur der Freiheit bedurft, um Europa auf den Weg zu bringen? Weil das sonst nicht menschenmöglich gewesen wäre?

Schließlich: Was auf diese Weise viele Jahrhunderte gebraucht hat, um das moderne Europa samt allen seinen Ablegern hervorzubringen, ist das so leicht auf andere zu übertragen? Haben jene Chinesen recht, die sich jetzt so energisch dem Griechischen, also seinen Anfängen, zuwenden, indem sie meinen, man brauche das? Oder braucht man das gar nicht mehr, weil es sich in verschiedenen Portionen, gleichsam in einem nützlich bemessenen Extrakt längst über die ganze Welt ausgebreitet hat? Haben wir heute ganz andere Möglichkeiten, mit dem Überkommenen zu arbeiten, es zu aktivieren? Oder übersehen wir damit nur Grenzen, die auch uns gesetzt sind – und von denen wir noch gar nichts ahnen? Grenzen sehr wohl vielleicht auch des Erkennens? Rechnen wir also mit allem, mit den verschiedensten, vielleicht gar phantastischen Möglichkeiten – aber halten wir uns offen für viele Begrenzungen, von denen einige vielleicht gar segensreich sein könnten.

Ich kann an dieser Stelle nur wiederholen, was Sokrates – wie in der Vorlesung früher schon einmal zitiert – gesagt haben soll: daß wir, wenn wir glauben, das suchen zu müssen, was keiner weiß, zumindest weniger träge sind, als wenn wir glauben, was wir nicht wissen, sei nicht möglich zu finden und man müsse es also gar nicht erst suchen. Dem heutigen Aufmacher der *TZ* können Sie entnehmen, daß zehn Prozent der Menschen an Faulheit sterben. So aktuell und lebensfreundlich ist das also – wenn wir glauben, das suchen zu müssen, was keiner weiß, anstatt zu glauben, was wir nicht wissen, sei nicht möglich zu finden, und man müsse es also gar nicht erst suchen.

*

Damit wäre diese Vorlesung über das 5. Jahrhundert am Ende. Ich würde gerne noch einige Bemerkungen zu meiner Lehre insgesamt folgen lassen.

Im Unterschied zu den meisten meiner Kollegen habe ich mir in den Anfängen meiner Lehrtätigkeit nicht nur einiges vorgenommen, Pläne geschmiedet und manches besser machen wollen, als ich es gewohnt war, sondern ich habe meine Gedanken dazu auch 1966 in einem Vortrag und 1968 in meiner Basler Antrittsvorlesung formuliert, und der Suhrkamp Verlag hat sie 1970 zum Druck gebracht und in mehreren Auflagen verbreitet. Irgendwie muß ich mich in meiner letzten Vorlesung wenigstens kurz darauf zurückbesinnen.

»Was soll uns heute noch die Alte Geschichte?«, war der Vortrag von 1966 überschrieben. Es war ein Stück Apologetik, ein Stück Rechenschaft, das mir abverlangt wurde von der Freiburger Studentenvertretung im Fach Geschichte. Die Sache war begründungsbedürftig geworden. Mein Ansatz bestand allerdings weniger in der Verteidigung als in programmatischen Überlegungen. Sie bewegten sich im Rahmen des Faches Geschichte, das damals in der Regel noch als Ganzes: Alte, Mittlere und Neuere Geschichte im Staatsexamen, studiert wurde. Innerhalb dessen schien mir der Geschichte der Römer und Griechen eine wichtige Rolle zuzukommen. Erstens der welthistorischen Bedeutung der Antike wegen, über die Historiker etwas wissen müßten. Zweitens, weil an althistorischen Themen manches besonders gut exemplarisch zu studieren sei.

Aus dem einen wie aus dem anderen Grund schien es sich mir zu empfehlen, daß man sich in der Lehre auf bestimmte, innerhalb der Geschichte im ganzen wichtige Themen konzentriere und anderes dagegen vernachlässige. Das habe ich an Beispielen illustriert, aber nicht genauer zu fassen versucht (unter anderem, um nicht der schon damals in Wissenschaftsrat und Kultuspolitik sich anbahnenden Regelungswut Vorschub zu leisten). Der Vortrag blieb nicht ohne Wirkung, ich wurde in der Eisenbahnstraße in Freiburg von mir fremden Personen darauf angesprochen, daß ich offenbar der Totengräber der Alten Geschichte sei. Merkwürdigerweise nicht der Mörder, aber das mag Sigmund Freud beschäftigen.

In der Basler Antrittsvorlesung vom 6. Juni 1968 habe ich, was mir vorschwebte, deutlicher und anspruchsvoller formuliert: »Die Wissenschaft des Historikers und die Verantwortung des Zeitgenossen« war sie überschrieben. Was der Einzelne als Zeitgenosse im Sinne dieser Verantwortung tun zu müssen glaubt, war nicht mein Thema, sondern was dem Historiker als Historiker, aufgrund etwa seines historischen Wissens, seiner Erfahrung im Umgang mit Quellen, Ereignissen und Strukturen, an zeitgenössischer Verantwortung aufgegeben war. Es schien mir etwa unendlich vieles angesichts des tief einschneidenden beschleunigten Wandels jener Zeit, nicht zuletzt aufgrund dessen, was damals immer mehr bewußt wurde, was man nämlich in den dreißiger und vierziger Jahren in Deutschland und von Deutschland aus erlebt hatte, unklar und so leicht nicht begreiflich zu sein, also der analytischen, der erklärenden, der orientierenden Arbeit bedürftig. Auch der Peloponnesische Krieg erschien auf der Folie des Zweiten Weltkriegs anders und mußte anders behandelt werden. Viele überkommene Begriffe waren fragwürdig oder unzureichend geworden, in Gegenwart und Geschichte. Es fehlte nach meinem Urteil an Maßstäben, es fehlte an Vorstellungen, und doch wisse man, was alles geschehen könne, wenn man nicht aufpasse. Ich habe Karl Kraus zitiert, der 1914 von der Zeit gesprochen hat, »in der eben das geschieht, was man sich nicht vorstellen konnte, und in der *geschehen* muß, was man sich nicht mehr *vorstellen* kann, und könnte man es, es geschähe nicht«. Und dies alles war überlegt ausdrücklich im Hinblick auf die Zukunft.

Gleich am Anfang hieß es: »Dabei hat der Historiker es, sofern er … heute etwa vierzig Jahre alt ist, zuletzt (etwa 1998 – in Basel wurde man mit siebzig Jahren emeritiert) mit Studenten zu tun, die etwa bis 1978 geboren sind, also bis knapp 2045 Schüler unterrichten sollen, deren Jüngste wieder bis über das Ende des 21. Jahrhunderts hinaus tätige und verantwortungsvolle Bürger sein sollen – eine Vorstellung, die einen schon in den Schlaf verfolgen kann.« (So hoch konnte man, konnte wenigstens ich damals die Bedeutung des an der Universität Vermittelten veranschlagen. Es war ja auch etwas anderes als heute.)

Um es nicht zu lang werden zu lassen: Im Rahmen dieser Überlegungen schienen sich mir ganz neue Aufgaben zu stellen. Etwa neben Übungen zur späten römischen Republik auch Übungen zum Begriff des Politischen abzuhalten oder nach den verschiedenen möglichen Ausprägungen von Herrschaft zu fragen oder in größerem Rahmen die Verschiedenheit der Politischen Einheiten zu erforschen und im Wechselspiel damit die Eigenart der einzelnen genauer zu fassen. Die Mediävisten hatten den Begriff des Staates verabschiedet. Was war mit den Althistorikern, die sich, wie mir scheint, mit den vom Staatsbegriff sich ergebenden Assoziationen allzu leicht den Zugang versperren zu Polis, Res publica und Imperium?

Reinhart Koselleck hat damals den Plan gehegt, eine Theorie möglicher Geschichte zu erarbeiten. Das ergab sich aus den Beobachtungen, die er an der Geschichte des Begriffs Geschichte gemacht hatte. Mir schwebte eine Art Sachkunde vor, der Möglichkeiten der Ausprägung verschiedenster Phänomene in verschiedenen Kulturen. In meinem Fall jeweils von der Alten Geschichte aus, aber weit über sie hinausgreifend. Denn was alles muß nicht der Historiker wissen, um mit seinen Fragen umzugehen? Wenn er sich mit wirtschaftlichen Gegebenheiten auseinandersetzt, muß er eigentlich etwas von Volkswirtschaft verstehen, wenn mit dem Politischen, etwas von Politik, politischen Strukturen, Verknüpfungen von Politik mit anderen Gebieten, auch von Parteiungstheorie. Er muß sich streckenweise in Soziologie auskennen, schließlich handelt er auch von der Gesellschaft. Was also machen wir angesichts all dessen, was wir brauchen, worauf wir aber wenig reflektieren?

Derart waren meine Fragen. Wenn wir – was wir ja lernen – Quellen kritisieren und Quellenkritik üben, haben wir dann eigentlich am Ende mehr als kritisierte Quellen, und wenn ja, woher? Haben wir dann schon die Sache? Darum also ging es.

Was ist daraus geworden, wie erscheint einem das heute, nach 44 Jahren? Offensichtlich als Utopie. Ich will nicht sagen, daß gar nichts daraus geworden ist, ich habe die Programmatik in verschiedenen Vorträgen und Aufsätzen weitergetrieben und dann vornehmlich auch in weitere universalhistorische Zusammenhänge hinein.

Mein Abschlußvortrag als Vorsitzender des Historikerverbands 1988 in Bamberg hatte den Titel »Die Welt der Geschichte und die Provinz des Historikers«. Wir haben uns damals sehr darum bemüht, die außereuropäische Geschichte in den Horizont der Geschichtswissenschaft einzubeziehen. Einmal hat sogar eine Kultusbehörde – der Berliner Wissenschaftssenator – Vorschläge von mir zur Verknüpfung der Landeskunden verschiedener asiatischer Länder mit der Geschichtswissenschaft übernommen, nur haben die Betroffenen damit nichts anzufangen gewußt. Versuche, am Berliner Wissenschaftskolleg vergleichende Forschungen, etwa mit dem alten Ägypten oder Mesopotamien und China voranzutreiben, sind gescheitert. Die Neuansätze, die wir in den späten sechziger und siebziger Jahren für Bielefeld geplant hatten, sind ebenso den Bach hinuntergegangen, wie die kühne Idee – die konnte man damals haben! –, aus Bielefeld und Konstanz das deutsche Cambridge und Oxford zu machen. So daß ich, der ich, während ich an meiner Habilitationsarbeit saß, eine schöne Vorstellung von Interdisziplinarität gehegt hatte, mich schließlich auf Grenzgängertum zurückzog.

Nur eine Einschränkung muß ich machen; eine gewisse Interdisziplinarität, freilich in begrenzterem Ausmaß, wurde möglich in den großen interdisziplinären Unternehmen der sechziger, siebziger und achtziger Jahre; bei der Arbeit am Lexikon der geschichtlichen Grundbegriffe, bei Poetik und Hermeneutik, sowie bei der Studiengruppe »Theorie der Geschichte«. Jeweils war ich der einzige Althistoriker, jeweils hatte ich Alte Geschichte von außen zu sehen und, was dabei zu beobachten war, zu anderem in Beziehung zu setzen. Das war immerhin recht fruchtbar, und ähnlich anregend waren die Einladungen zu Vorträgen außerhalb des Faches. Andere habe ich, zumindest im Inland, ja kaum erhalten.

Und das ist, glaube ich, begrenzt auch meiner Lehre zugute gekommen, ich hoffe es jedenfalls. Aber das alles blieb weit hinter dem zurück, was mir heute nach vielen Abstrichen immer noch als richtig erscheint an meinem ursprünglichen Ansatz. Manches war zu schwer, für vieles fehlte die Zeit, gewisse Ablenkungen waren für mich durch meine historiographischen Versuche bedingt.

Und dann waren da ja auch noch die Fangarme des eigenen Faches. Ich mußte schließlich Althistoriker ausbilden. Nach der Emeritierung hätte ich es vielleicht anpacken können, aber da war ich dann gebunden durch die Verpflichtung, für eine Geschichte Europas den antiken Teil zu schreiben, das heißt Alte Geschichte als Vor- oder Frühgeschichte Europas zu betreiben, wozu sehr umfangreiche Vorarbeiten nötig sind, noch heute nötig sind. Kaum jemand hat sich mit dieser Frage eingehender beschäftigt. Bestimmte Vorlesungen waren nützlich, denn ich konnte in ihnen meine Gedanken vortragen. Es gab einen gewissen Druck, sie zu formulieren, weiterzutreiben, und es ist mir dabei auch vieles eingefallen, was sich hinterher notieren ließ. Ich werde das – und manche meiner treuen alten Hörer und manche der immer wieder auch hineinschneienden ausgezeichneten Studenten – sehr vermissen.

Was das alles gebracht hat – Hobbes hat erklärt und Carl Schmitt hat es gerne wiederholt: *docui sed frustra* –, müssen andere beurteilen. Was dagegen jetzt noch meine Sache ist, ist, Dankbarkeit zu bekunden.

Man kann sich sein Geburtsjahr nicht aussuchen. Aber wer um 1929 in Deutschland geboren wurde, hat es ceteris paribus eigentlich ganz gut getroffen. Er mußte nicht mehr in den Krieg, war aber auch nicht all den Mißlichkeiten – vorsichtig formuliert – ausgesetzt, die mit dem Erwachsensein im NS-Regime verbunden waren, den Versuchungen, Einengungen und Zwängen, die zu manchen Verbiegungen und Kompromittierungen, vielleicht gar dazu führten, an Verbrechen teilzuhaben.

Gewiß, man konnte in Schule und Hitlerjugend in manches hineingezogen werden, aber das ließ sich hinterher, wie viele Beispiele zeigen, zumeist leicht abschütteln. Und in meinem Falle war es dank der Großen Stadtschule in Rostock und dank meines Elternhauses recht wenig.

Andererseits aber hat man noch einiges von Diktatur, Totalitarismus und Krieg mitbekommen, in meinem Falle gleich in zwei deutschen Unrechtsregimen. Worauf man, wenn man die Wahl hat, besser verzichtet, was aber, wenn es einem schon mal passiert und wenn man es dann auch noch heil und ohne in die Strudel der Unbelehrbarkeit hineingerissen zu werden, überlebt, doch eine sehr fruchtbare, wichtige Erfahrung sein kann.

Ich bin auch froh, im Folgenden noch einiges von alter, bürgerlicher deutscher Gelehrtenwelt und überhaupt von altem deutschem Bürgertum mitbekommen zu haben. Das war gar nicht so schlecht.

Und wir sind erwachsen geworden in Nachkrieg und beginnender Bundesrepublik. In einer Zeit, was die fünfziger Jahre des vorigen Jahrhunderts angeht, die heute im Verruf der Restauration und des Miefs steht. Da ist etwas dran, aber man darf nicht übersehen, daß es auch die Zeit der Begründung eines neuen Gemeinwesens war, einer Demokratie, einer allmählich nach unendlichen Erschütterungen und Irritierungen sich einstellenden Sicherheit. Auch der Zunahme materieller Güter, eine Zeit, in der man wieder Grund unter die Füße bekam. Und nicht zuletzt: Es war eine Zeit wunderbarer Öffnung. Alles mögliche, von dem man abgeschirmt gewesen war, kam wieder herein, Thomas Mann, Kafka, Musil zum Beispiel. Hannah Arendt und viele andere Emigranten kamen zumindest besuchsweise zurück.

Kurz, es war eine Zeit vieler Neuansätze, und sie ist auch so genutzt worden. Neuansätze, die sich dann ziemlich übergangslos zu einer Zeit des Neuaufbruchs vereinten. In den fünfziger Jahren beginnend, in den Sechzigern sich fortsetzend. Des Aufbruchs, wie man es gelegentlich formuliert, praeter propter der Flakhelfer-Generation. Sie war es übrigens auch, die ungefähr seit 1960 in Hinsicht auf die NS-Vergangenheit vieles in Gang setzte. 1968 ist das nur radikalisiert, instrumentalisiert, zum Teil auch gehemmt worden. Nebenbei gesagt, konnte auch 1968 eine sehr bereichernde Erfahrung sein, wenn man es jedenfalls nicht in Berlin oder Marburg, sondern in Köln erlebte.

Und im weiteren? Geld war vorhanden, Lehrstühle wurden geschaffen, neue Universitäten gegründet, Verwaltung war recht begrenzt, wenig störend. Im Gegenteil, in nicht wenigen Fällen verstand sie sich als Instrument, um Lehre und Forschung zu fördern statt sie zu gängeln (und unendlich viel Zeit von ihr abzuziehen). Und man konnte manchen Unsinn, den es natürlich auch damals schon gab, im Interesse von Lehre und Forschung straflos sabotieren. Man hatte Spielräume und nicht wenige Studenten, welche die Gelegenheit, sich ihr Studium selbständig einzurichten, wahrnehmen und sehr stimulierend sein konnten.

Für mich war es auch ein Glück, daß sich, wie schon erwähnt, Formen interdisziplinärer Zusammenarbeit herauskristallisierten und daß sie gleichsam in einem idealen Verhältnis von Beanspruchung und Gewinn ausgefüllt werden konnten, weit entfernt von der Vernetzzettelung unserer Tage.

Schließlich hatte ich das Glück, hier nach der Emeritierung noch eine lange Reihe von Vorlesungen zu halten, die Früchte trugen. Aus der Vorlesung des letzten Sommers ist ein halbes Buch entstanden, das immer noch nicht fertig ist.

Der Verwaltung verdanke ich, daß ich mein Auto in einer der Parkgaragen der Universität unterstellen konnte, so hatte ich nur Fahrt-, aber keine Parkkosten zu erlegen und hatte vor allem nicht die Mühe, einen Parkplatz zu finden. Aber sie hat mir diese Erlaubnis ausdrücklich für dieses Semester zum allerletzten Mal erteilt. Daher, aber auch weil ich allmählich zu alt werde, ist dies meine letzte Vorlesung, und es bleibt mir nur noch, einen allerletzten Dank, jetzt an Sie, auszusprechen, daß sie mir zwei Vorlesungsstunden so geduldig zugehört haben. Ich weiß, daß sich das nicht von selbst versteht, und möchte schließen, ohne mich im übrigen mit Hegel vergleichen zu wollen, mit den Worten, mit denen er seine Vorlesung über die Philosophie der Geschichte geschlossen hat: »Ich wünsche Ihnen, recht wohl zu leben!«

Noch Fragen

Gespräche mit Georg Frühschütz

Vorbemerkung

Etwas muß an dem Manne wohl sein! Wer eine geschätzte Viertelmillion Bücher verkauft, ein gesichertes halbes Jahrhundert lang Vorlesungen hält, als Vorsitzender des deutschen Historikerverbandes in Tel Aviv dafür plädiert, die Deutschen der NS-Zeit soweit wie möglich zu verstehen, und später der Auschwitz-Debatte in Deutschland mehr Humor empfehlen kann, ohne daß er, hier wie dort, sofort als Antisemit aus dem Saale gejagt wird; wer vom Präsidium des Bundestages beauftragt wird, ein Buch zum fünfzigjährigen Bestehen der parlamentarischen Demokratie zu schreiben; wessen *Caesar*-Biographie von Bundeskanzler Kohl zum Auftakt seiner Amtszeit persönlich rezensiert wird, wer dann aber nicht wie Thilo Sarrazin, dem solch seltene wie zweifelhafte Ehre zuletzt durch Kohls Mädel widerfuhr, seinen Posten räumen muß, sondern später als Präsident der Akademie für deutsche Sprache und Dichtung den Büchnerpreis verleiht; wer sich nicht zu schade ist, zugunsten einer Protestveranstaltung mit Badehose und Dreizack, Poseidon mimend, in den Universitätsbrunnen am Münchner Geschwister-Scholl-Platz zu steigen und von dort aus die Vorlesung mittels Megaphon abzuhalten; wer allen Ernstes literarische Ansprüche an seine (aber nicht nur seine) Geschichtsschreibung anlegt und von der Vorstellung nicht lassen will, letztere müsse auch heute »der Gesellschaft« noch etwas zu sagen haben; wer in Theaterkreisen als Wissenschaftler hohes Ansehen genießt (hierbei allerdings ausdrücklich nicht als Poseidon-Mime) und mit namhaften Regisseuren wie Peter Stein im öffentlichen Gespräch war und ist; wessen notorisch vergriffene Habilitationsschrift bei Amazon immer wieder für mehrere hundert Euro angeboten wird und wessen *Caesar* zugleich in italienischen Kioskbuden als Zeitungsbeilage über die Theke geht; wer als Vierzehnjähriger Offiziersidealen nachhängt, vor dem Abitur aber und weil ihn Fragebögen schon immer ärgerten, als Berufswunsch »Hebamme« angibt und schließlich, da die wissenschaftliche Karriere für einen Moment zu scheitern droht, als Hilfsschaffner und »Meier 9« bereits bei der Heidelberger Straßenbahn angeheuert hatte; wer öffentlich Sabotage zu den zentralen Tugenden eines engagierten Demokraten rechnet und andererseits streikende 68er-Studenten, Hände in den Hosentaschen vom Katheder steigend, mit der ironischen Bemerkung abfertigt »Nun streikt mal schön!«; wer bis in die Gegenwart regelmäßig knallrote Socken (!) trägt, zugleich aber die Liberalen wählt; wen die *Süddeutsche Zeitung* anläßlich seiner kürzlich gehaltenen Abschiedsvorlesung als »einen großen Lehrer des Landes« bezeichnet – ja, an dem muß irgend etwas sein, und man fragt sich, wie das alles zusammengeht. Vielleicht liegt des Rätsels Lösung in jenem Einfall des Vaters, seinen Sohn ausgerechnet nach Christian Buddenbrook zu benennen.

Christian Meier, so hat er sich selbst definiert und wohl teilweise auch definieren müssen, war von Anbeginn

seiner steilen Laufbahn ein Außenseiter seiner Zunft. Das
lag nicht zum mindesten an der ungewöhnlichen Art der
Fragen, die er ins Spiel brachte, und der noch ungewöhn-
licheren Weise, sie zu beantworten, *seiner* Weise, dies Spiel
der Geschichtsschreibung zu betreiben. Wer sich als blu-
tiger Anfänger ein solch kardinales Thema vornimmt, wie
es der Todeskampf der späten römischen Republik unbe-
zweifelbar bildet, und 1966 eine bahnbrechende Studie
dazu vorlegt, die, mittlerweile längst zu einem sogenannten
Klassiker und Standardwerk avanciert, jene Agonie als
letztlich unvermeidlich beschrieb, der darf sich nicht wundern, wenn er im selben (!) Jahr mit einem Vortrag des
programmatischen Titels »Was soll uns heute noch die
Alte Geschichte?« Argwohn und Unverständnis im Kreise
nicht nur seiner Kollegen erweckt. Schon *eine* kluge Äußerung, seufzte Christian Meier seit dieser Zeit und verstärkt
seit seiner Basler Antrittsvorlesung von 1968, reiche aus,
um in gewissen konservativen Milieus, zu deren gemäßig-
ten Zirkeln er sich bis heute tendenziell eigentlich selber
schlägt, als Kommunist zu gelten. Daß *Res Publica Amissa*
in beständiger und für Habilitationsschriften unüblicher
Neuauflage seit 1980 auch noch im diesbezüglich anrü-
chigen Suhrkamp-Verlag erschien, hat Meiers Ruf, nicht
unbedingt revolutionärer Kommunist, zumindest aber lu-
penreiner »Intellektueller« – ein Schimpfwort in mancher
Umgebung – zu sein, erheblichen Vorschub geleistet, und
die Ablehnung, die ihm nach eigener Auskunft aus manchem althistorischen Seminar entgegenschlug, gründete
immer auch in Abwehrreaktionen. »Er vermochte die Gegner bis aufs Blut zu reizen und zugleich ins Unrecht zu
setzen«, heißt es im *Caesar*. Meiers scharfe Kritik an der
seiner Ansicht nach weithin methodisch wie thematisch

überholten und nicht zuletzt ästhetisch vernachlässigten Historiographie scheint also eingeschlagen zu haben und fand ihren Ausdruck, wenn auch nicht unbedingt in persönlichen Differenzen, so doch zumindest in gewissen sprechenden Distanzierungen. »Aber Sie sind ja ein Intellektueller!«, habe ein Kollege bei einem Besuch angesichts von Bänden der Suhrkamp-Regenbogen-Edition auf Meiers Tisch entsetzt ausgerufen und auf Nachfrage hinzugefügt: »Ich nicht!« Und wenn damit noch nicht der Bruch mit weiten Teilen der damaligen Alten Geschichte vollzogen war, so traten jedenfalls die möglichen Bruchstellen deutlich zutage.

Unspektakulärer gestaltete sich *meine* Kontaktaufnahme mit dem renommierten Professor. Das lag schlichtweg daran, daß ich von alldem, woher seine Bekanntheit rührte, nicht das Geringste wußte. Zwar hatte der Zweitsemester, der ich damals war, in Seminaren und Lektürekursen von Christian Meier und dessen »glänzender Prosa« erstmals gehört, diese Empfehlungen aber zunächst hochnäsig ignoriert; glänzende Prosa, so dachte ich, finde man bei Thomas Mann oder Musil, richtigen Literaten also, aber doch nicht bei (Alt-)Historikern (von Mommsen wußte ich noch nichts), die, wie der Name schon sagt, meistens nur Sekundärliteratur produzieren. Außerdem ging es mir mehr um die Sache. Erst als ich allmählich zu der Auffassung gelangte, daß gerade in der Geschichtsschreibung die sogenannte Sache und glänzende Prosa einander bedingten, ja mehr oder minder dasselbe seien, und obendrein die Hinweise häufiger, die Beiwörter bombastischer wurden, habe ich mich gezielt nach Christian Meier erkundigt und mit Erstaunen festgestellt, daß der damals knapp Achtzigjährige noch immer Vorlesungen hielt. Vom »Kultstatus«, den diese einstmals genossen, schnappte ich zwar erst im Laufe der Semester die eine oder andere Andeutung auf. Aber trotzdem lag beinahe immer eine für diese Vorlesung charakteristische Stimmung in der Luft, wenn der ehrwürdig alte Mann mit verblüffend jugendlichem Schritt und oft etwas verlegener Miene den Hörsaal betrat. Schon bei der geringsten Verspätung erscholl warmes Knöcheln, und in diese treulich-freundliche Begrüßung hinein begann er mit unaufdringlicher, immer leise belegter Stimme seine stets frei und mühelos – so schien es – gehaltenen Ausführungen. Man spitzte die Ohren (manchmal war die Stimme tatsächlich zu unaufdringlich), begierig nach diesen wohlkomponierten, immer ausgewogenen Sätzen und danach, was denn der alte Mann da eigentlich zu sagen hatte. Hier konnte man lernen, lebensgesättigt und tiefschürfend, sogar ins Träumen geraten, Stimmung und Lebensgefühl fremder Menschen und früherer Epochen aufsaugen, sich faszinieren lassen, und wenn ich die wenigen älteren Kommilitonen zuweilen von Christian Meier als einem »lebenden Fossil« sprechen hörte, so war das immer nur halb im Scherz, vielmehr in jener ehrfürchtigen Bewunderung gesagt, mit der man die Überbleibsel untergegangener Zeiten bestaunt.

Denn aus der flachen Zeit schien Christian Meier tatsächlich gefallen. Ich war von Anfang an begeistert. Endlich war da ein Mann jenes Schlages, wie ich ihn als junger Student an der Universität anzutreffen gehofft, ja geradezu erwartet hatte und zu meinem großen Befremden – und zunehmend auch großen Ärger – einfach kaum fand: ein Intellektueller reinsten Wassers, dennoch bescheiden und zugänglich, ein »philosophischer Kopf«, wie Schiller sagte, und also gerade ein »Brodgelehrter« nicht!

Natürlich habe ich mich, Meiers Vorlesung einmal entdeckt, um Annäherung bemüht und im Laufe der Zeit keineswegs den Respekt (der stieg eher noch), wohl aber die Scheu verloren. Das war um so einfacher, als man mit dem Mann ja reden konnte; kaum vorstellbar, aber man ging einfach hin, etwa nach der Vorlesung, und redete mit ihm. Von der Arroganz, die man Christian Meier gelegentlich nachsagte, habe ich nie das Geringste gespürt, im Gegenteil! Er blühte geradezu auf im Gespräch und ließ, solange sie gut begründet war, jede Gegenposition und jede Frage unter der Bedingung zu, daß man sich wenigstens darum bemühte, sie nicht allzu dumm zu stellen (was angesichts von 57 Jahren Studienrückstand nicht immer ganz einfach war und ist)!

Vielleicht, so mutmaßte ich bisweilen, rührten jene Vorwürfe daher, daß Christian Meier immer ein Verhältnis zu den Großen des Faches der Vergangenheit wie der Gegenwart suchte, zu Alfred Heuß etwa, aber auch zu Theodor Mommsen oder Jacob Burckhardt. Gerade Burckhardts Basel ist Christian Meier nicht nur zu einem zentralen örtlichen Bezugspunkt geworden, an dem seine Professoren-Laufbahn begann, sondern vielmehr noch zu einem geistigen. Wer seine Bücher liest, stößt fast in jedem Kapitel, jedenfalls aber jedem für die intellektuelle Fadenführung entscheidenden, auf eines oder mehrere Burckhardt-Zitate, und es sollte verwundern, wenn nicht von jener »Heiterkeit des Erkennens«, von der Burckhardt sprach, auch etwas in Meiers Stil und Wesen übergegangen sein sollte. Denn heiter, das wird jeder seiner Hörer oder Bekannten auf der Stelle bestätigen, ist es in

Christian Meiers Vorlesungen immer zugegangen und wer Erkenntnis suchte, war gut beraten, gerade Meiers Vorlesungen (oder Bücher) denen der allermeisten seiner Kollegen vorzuziehen. Trotzdem blieb auch und gerade der emeritierte, der späte Meier, den ich ausschließlich erlebte, von der verhängnisvollen Generaltendenz unserer Zeit nicht verschont, die mit untrüglicher Sicherheit höchste Qualität und geistige Brillanz gerade in denjenigen Vorlesungen konzentriert, deren regulär-studentische Hörerzahl sich in überschaubaren Grenzen hält; was dort geboten wird, ist offenbar mit der artgerechten Haltung von Bachelor- und wohl selbst Master-Studenten nicht zu vereinbaren. Er könne sich, so Christian Meier bei einem unserer gelegentlichen Café-Besuche, die wir nach seiner Vorlesung absolvierten, bisweilen des Eindrucks nicht erwehren, so recht nicht mehr in diese Zeit zu passen – und leider liegt die Vermutung nahe, trifft seine Analysekraft auch in diesem bitteren Fall den Nagel auf den Kopf (auf letzteren die Zeit gefallen scheint).

Wie eigentlich lauteten manche der Fragen, die Christian Meier mit den erwähnten programmatischen Vorträgen aufwarf? Da war zentral die Forderung nach dem »rechten Betreiben« der Geschichtswissenschaft. Ohne Druck, Versuchungen, Rücksichten auf allerlei, zum Beispiel politische Interessen, müsse die Geschichtswissenschaft dennoch bewußt »von der Verantwortung, dem Zur-Antwort-Aufgerufensein des Zeitgenossen ausgehen«. Denn »die Forderungen«, so eine für heutige Geisteswissenschaftler aller Disziplinen ungewöhnliche These, »der Historie und die der Zeitgenossenschaft konvergieren«. Daß es Christian Meier dabei weniger um konkrete politische

Veränderung als vielmehr um die gesellschaftlich orientierende Rolle der historischen Betätigung zu tun war, bezeugt eine unmißverständliche Äußerung, die zudem allem revolutionär-studentischen Übereifer einen starren Riegel vorschob: Man solle die »Gegenwart nicht von *utopischen* Idealen her entlarven«. Trotzdem könnte weiterhin gelten, was Christian Meier bereits vor 45 Jahren feststellte: »Woran es fehlt, ist relevante Arbeit.«

Immer wieder hat Meier die Einfalt Rotkäppchens betont, welches nicht in der Lage sei, aus den vielen unterschiedlichen Merkmalen – große Nase, große Ohren und so weiter – die überlebensnotwendige Schlußfolgerung »Wolf« und nicht »Großmutter« zu ziehen, weil es gar nicht darauf kommt, nach dem Ganzen zu fragen. Indem die Maschine der Geschichtswissenschaft am laufenden Bande eine unübersehbare Zahl von Spezialstudien produziert, erzeugt sie überwiegend ebenfalls Merkmalanalysen anstelle von Schlußfolgerungen, griffigen Synthesen. Die aber brauchen wir, wenn wir uns in der Welt als handelnde Menschen orientieren wollen und Schillers Wort weiter gelten soll, daß »zu dem Menschen eben die Geschichte [redet]«! Denn warum sollten wir überhaupt noch Geschichte treiben, wenn sie nicht länger eine »auf Menschen bemessene Wissenschaft« bleibt (C. M.)? Das ist die Frage, die, wie ich glaube, neu aufgeworfen und diskutiert werden muß. Hinzu kommt die Notwendigkeit, wieder Kriterien zu entwickeln, die über die Einhaltung formal-wissenschaftlicher Regeln hinausgehen, um überhaupt die Qualität historiographischer Leistung beurteilen zu können. Exakt an diesem Punkt hat Meier wiederholt erhebliche Mängel und erhebliches Unvermögen konstatiert. Es ist unbefriedigend, erst zu erkennen, unmittelbar bevor man gefressen wird; falls überhaupt. Wer aber versucht, Rotkäppchens naiven Zustand zu überwinden, findet sich unfreiwillig in jener eigentümlichen Situation, die Goethes Worte treffend zum Ausdruck bringen: »Eigentlich lernen wir nur von Büchern, die wir nicht beurteilen können. Der Autor eines Buchs, das wir beurteilen könnten, müßte von uns lernen.«

Ich habe von Christian Meier schon jetzt unendlich viel gelernt. So lag es nicht allzu fern, daß bei einem unserer Café-Gespräche vage die Idee eines biographischen Interviews aufkam und daß diese Idee nun passend zum 85. Geburtstag Meiers Wirklichkeit geworden ist, freut mich besonders.

Die Qualität eines Wissenschaftlers, hat Meier gelegentlich bemerkt, hänge nicht zuletzt an der Schärfe und Intensität der Fragen, die er zu stellen vermag. Das mag auch für den Interviewer gelten. Und hätte Christian Meier jenes Fragezeichen, das man zum Markenzeichen nicht nur seiner wissenschaftlichen, sondern vielleicht auch seiner unter totalitären Bedingungen erworbenen, hier und da bemerkbaren (letzten) Festlegungsscheu erheben könnte, nicht schon 1968 selbst ans Ende seiner Antrittsvorlesung gesetzt, man müßte es heute ergänzen; insofern gehen besonders alle Determinismus-Vorwürfe, die man zuweilen gegen seine Strukturanalysen ins Feld führte, ins Leere: »Setzt die Fruchtbarkeit der Wissenschaft in Forschung und Lehre nicht ebenso wie die Verantwortung des Zeitgenossen in dieser Zeit voraus, daß ein Drittes hinzukommt: die kritische Funktion der Universität, gegen links wie gegen rechts, gegen die Gesellschaft wie gegen sich selbst; gegen die Zeit und dadurch auf die Zeit und hoffentlich zugunsten einer kommenden Zeit zu wirken?« Insoweit bleibt alles und besonders die Zukunft offen.

Georg Frühschütz

Jugend unter Hitler. Studienanfang in der Sowjetzone: Wie kam er zur Geschichte?

Sehr geehrter Herr Meier, Sie haben in Ihrer Abschiedsvorlesung ja ganz schön viel zusammengewürfelt …

-gewürfelt?

Bitte meinetwegen: -gefügt. Aber so recht habe ich die Zusammenhänge noch nicht begriffen. Sie kombinieren den Untergang einer jahrhundertealten Republik, die, so heißt es, nicht mehr überleben konnte, mit der Katastrophe einer großartigen Stadt, der ersten Demokratie der Weltgeschichte, als Folge eines Krieges, der kein Ende finden wollte, weil die Stadt angeblich weder zu siegen noch aufzugeben in der Lage war. Weil es anders gar nicht möglich gewesen sein soll. Das ist doch ungeheuerlich! Und dann erklären Sie, diese Frage nach den Grenzen des jeweils Möglichen wäre Ihnen in der Erfahrung von NS-Regime, Ende des Krieges und Sowjetzone gekommen! Werfen nebenbei auch noch einen Seitenblick auf die Eurokrise. Ich frage mich, ob Ihre 50 Jahre Lehrtätigkeit wirklich auf solch kühne Zusammenstellungen hinauslaufen? Ist das nicht schlichtweg purer Pessimismus? Wie kamen Sie denn dazu, kurz: was ist das für ein Historikerleben, das dahintersteht und das, wie es Ihre Basler Antrittsvorlesung von 1968 nahelegt, auch noch im Zeichen der »Verantwortung des Zeitgenossen« begann?

Sonst haben Sie keine Fragen?

Doch, einen ganzen Haufen. Wie haben Sie das NS-Regime erlebt? Sie waren am Ende des Krieges 16 Jahre alt. Wie kamen Sie dazu, Geschichte zu studieren? …

Sollen wir damit anfangen?

Warum nicht?

Die Antwort ist kurz: Durch Zufälle. Ich schwankte zwischen Naturwissenschaften einerseits und Geschichte, Slawistik, wohl auch Germanistik andererseits.

Nicht Alte Geschichte?

Nein, daran habe ich überhaupt nicht gedacht, das ergab sich erst aus den personellen Konstellationen in Rostock, wo ich 1948 zu studieren anfing, und in Heidelberg, wo ich das Studium 1950 fortsetzte.

1950 waren Sie schon bei der Geschichte vor Anker gegangen?

Ja, weil ich mich etwas habe treiben lassen. Die Absicht, Naturwissenschaften zu studieren, war durchaus ernsthaft. Physik und Chemie haben mich schon auf der Schule sehr interessiert. Nur war ich mir nicht sicher. Und so ließ ich es auf ein Gottesurteil ankommen. Damals gab es den Numerus clausus. Ich versuchte also, zum Winter 1948/49 in Göttingen für Naturwissenschaft und in Hamburg für Geschichte und Slawistik angenommen zu werden. Den Sommer wollte ich verbummeln, nachdem ich wie ein Ochse für das Abitur gebüffelt hatte. Ich lebte damals – nach der Flucht aus Rostock mit der ganzen Familie vor den anrückenden Russen Ende April '45 – bei wundervollen Pflegeeltern in Hamburg.

Sie sind geflohen?

Ja, die ganze Familie. Zwar durften weder mein Vater als Angehöriger des Volkssturms noch ich als zum Wehrdienst Gemusterter die Stadt verlassen. Mein Vater wollte es eigentlich auch nicht. Er dachte für sich gar nicht ans Überleben. Meine Mutter hat ihn dann in einer mir unvergeßlichen Szene geradezu angefleht. Als uns Herr Blohm, der Mieter der Kellerwohnung unseres Hauses, mit dem

Bollerwagen schließlich zum Weißen Kreuz (einem Gast-
hof an der östlichen Einfahrt in die Stadt, wo alle durch-
fahrenden Fahrzeuge mit Flüchtlingen beladen wurden)
begleitete, meinte er – mein Vater hatte sich mit vielen Se-
genssprüchen verabschiedet –, es werde alles nicht so heiß
gegessen wie gekocht. Ich habe mich oft an diesen Ausspruch erinnert. Man fühlte sich ein wenig ins Unrecht
gesetzt. Allein, gar nicht lange, und es stellte sich heraus,
daß das Menü doch ziemlich heiß verzehrt werden mußte.
Jedenfalls, inzwischen schrieb man 1948, sehnte ich mich
nach meiner Mutter. Die war mit meinem Bruder 1946
nach Rostock zurückgegangen. Im Westen bekam sie
irgendwie kein Bein an Deck. In Rostock waren Freunde,
Möbel, das Leben schien sich ganz gut anzulassen. Sie war
Dekanatssekretärin an der Universität geworden, lebte in
gutem Kontakt mit vielen Studenten, in vielen Diskussionen, Festen. Da also wollte ich ein Semester verbummeln,
ein wenig als Gasthörer studieren, und zwar, was mich
nicht nur interessierte, sondern mir auch Spaß machte,
Geschichte, Psychologie, Germanistik …

**Soeben sprachen Sie noch von Naturwissenschaften. Warum die
nun plötzlich nicht mehr?**

Wahrscheinlich, weil das ein ernsthaftes Studium bedeutet hätte, nicht nur Nippen.

Und die Slawistik?

Wohl aus den gleichen Gründen. Da hätte ich mich ja
auch ernsthaft hinsetzen müssen und Russisch lernen,
nicht nur herumhören und – möglichst viel – nach War-
nemünde an die Ostsee fahren (übrigens mit einer Freundin, die einen dicken roten Bademantel hatte, den sie in
die Vorlesung um zwölf Uhr mittags nicht mitzunehmen

sich getraute, so daß ich es mußte, zum gestrengen Althistoriker Ernst Hohl, dessen Vorlesung ich dann auch noch mitsamt dem Bademantel kurz vor Ende verlassen mußte, um den Zug zu bekommen. Die Vorlesung vorzeitig zu verlassen war ja damals nicht üblich. Aber er hat nichts gesagt.).

Und wie ging es dann im Wintersemester weiter?

Da war inzwischen die Währungsreform erfolgt, das Studium im Westen unmöglich oder doch äußerst schwierig geworden, so daß ich in Rostock weitermachte, wo ich angefangen hatte, nun aber immatrikuliert und ernsthafter, bald mit Latein und Griechisch als Nebenfächern. Irgendwie bequemte es sich so.

Und da haben Sie in Ihrer Bequemlichkeit auch gleich noch die Slawistik über Bord geworfen?

Ja.

Wie waren Sie denn überhaupt auf die Slawistik gekommen?

Ich wollte, wenn nicht Naturwissenschaft, so etwas studieren, was es mir, wenn ich es hochtrabend sagen soll, ermöglichte, die eigene Zeit zu verstehen. Nicht genau die Nachkriegszeit, sondern etwas längerfristig das, was wir gerade erlebt hatten und erlebten, NS-Regime und Kommunismus, allgemeiner gesagt: den Totalitarismus.

Da hätten Sie Hannah Arendt lesen können. Ihr Totalitarismusbuch erschien bereits 1949, allerdings auf Englisch.

Von Hannah Arendt habe ich erst später erfahren. Aber mich trieb jedenfalls das Erleben der totalitären Bewegungen um. Gehört denen auch die Zukunft (an so etwas hat man ja damals viel gedacht, im Unterschied zu heute)? Und wie kam es dazu? Wie war das menschenmöglich?

Wie wirkte sich das aus bis ins Denken und Handeln der Einzelnen? Dafür hätte ich die Russen gebraucht, dafür die Geschichte (zumal die des 20. Jahrhunderts), ich meinte auch: die Psychologie, sofern sie Aufschluß über die Antriebe menschlichen, vielleicht auch gesellschaftlichen Handelns bieten konnte (wie ich mir das vorstellte), auch Literaturwissenschaft, also, was am nächsten lag, Germanistik, Neueste Literatur.

Das heißt, Sie haben ursprünglich in der Gegenwart angesetzt und sind letztlich in der Geschichte des Altertums gelandet?

Im Endeffekt ja. Auf all meine Fragen konnte mir die Universität keine Antwort geben. Sie ließen sich allenfalls in Gesprächen mit meinen Kommilitonen zur Sprache bringen. Oder durch Lektüre ein Stück weitertreiben.

Dann hatten Sie also mit der Geschichte im ganzen wenig im Sinn, sondern waren mehr allgemein anthropologisch-philosophisch-politisch interessiert?

Nein, so einfach nun wieder auch nicht. Ich hatte schon in der Schule und in meinen Lektüren ein starkes Interesse an Geschichte gehabt. Immer schon. Vielleicht seit früher Kindheit. Meine Großmutter hat mir, bevor ich zur Schule kam, viel vom Alten Fritz erzählt. Ein Vorfahr von uns war Großkanzler bei ihm. (*Anmerkung: In Christian Meiers Arbeitszimmer fiel mir ein berühmtes Bild von Friedrich dem Großen auf. Auf Nachfrage meinte er, das sei zur gelegentlichen Erinnerung an die eigene Pflicht gedacht.*) Später habe ich in Friedrichs Testament gefunden, er versehe »sein Amt mit vorbildlicher Unbestechlichkeit« (was mir sehr gefallen hat und auch Ansporn war, es ihm nachzutun), andere hatten als Leutnants in seinen Kriegen mitgekämpft. Man weiß nichts über sie, aber für meine

Großmutter war das wichtig, sie stammte aus einer Offiziersfamilie und hat es sich wohl gern ausgemalt. Dazu gab es ein wunderschönes Bilderbuch: *Der Alte Fritz für Jung und Alt*, das ich immer wieder studiert habe. In Rostock fand ich die Spuren der Geschichte der Stadt in der Hanse, denen ich gerne nachgegangen bin, der »Bergenfahrer«. Und dann kamen Bücher wie Felix Dahns *Kampf um Rom* dazu – heute kaum mehr genießbar, damals habe ich es verschlungen. Oder Richard Roths *Kaiser, König und Papst*, die Geschichte des jungen, edlen, sehr deutschen letzten Sprosses des alten Staufergeschlechts, der dann den üblen Welschen zum Opfer fällt, ganz tragisch. Es ist übrigens ein Buch, das Hofmannsthal zu den eindrücklichsten seiner Jugend gezählt hat, auch der Kirchenhistoriker Heinrich Bornkamm; vielleicht hat er auch noch andere auf dem Gewissen.

Kurz, ich habe mich herzlich gern mit historischen Büchern, mit Geschichte beschäftigt, mich an Vergangenes verloren, auch in der Schule intensiv mitgearbeitet. Aber deswegen muß man es ja nicht gleich studieren. Das eine sind die Interessen, das andere der Beruf. Also vielleicht Physik und Chemie, sofern es nicht doch einen Weg gab zu den Fragen, die mich umtrieben.

Wie erlebten Sie die Universität in dieser Hinsicht? Hat das Studium Ihre Interessen an der Geschichte befriedigt?

Keine Spur. Allenfalls hier und da in der Vorlesung, aber das hing ja sehr vom Temperament dessen ab, der sie hielt, und da war man meist schlecht bedient.

Sehen Sie, da haben wir eine Gemeinsamkeit und vermutlich ähnlich leidvolle Erfahrungen. Aber beschreiben Sie mir mal das Interesse, mit dem man zur Geschichte kommt, mit dem Sie zur Geschichte kamen.

Ich glaube, es war (und ist) ein Interesse, die Welt in ihrer ganzen Vielfältigkeit kennenzulernen, und zwar die Welt der Vergangenheit, von Menschen, Reichen und Kulturen, die längst untergegangen sind. Man kann ja nicht nur im Raum, sondern auch in der Zeit reisen und anderes, zum Teil sehr anderes erkunden wollen. Je mehr die egalisierenden Tendenzen der Gegenwart fortschreiten und alles einebnen, was nicht unter Denkmalschutz steht, ist es in den verschiedensten Zeiten der Vergangenheit sogar bunter, vielfältiger und vielleicht auch interessanter. Ich treibe mich stets gern in den Gassen, Höfen und Winkeln fremder Städte herum, man sieht überall Spuren der Vergangenheit (oder kann sie sich ausmalen). So geht es jedenfalls mir, und dann will man mehr darüber wissen. Das kann spannend werden wie in einem Roman, nur daß es sich hier um vergangene Wirklichkeit handelt, was, für mich jedenfalls, einen besonderen Reiz hat. Und je mehr man sich da hineinversenkt, um so mehr kommen einem Fragen, umso mehr will man und kann man zumeist auch wissen, während man von Romanfiguren, wenn sie nicht historisch sind, kaum mehr, als man gelesen hat, erfährt. Man kann aber auch, wie beim Roman, den man schon einmal gelesen hat, in Kenntnis des Ausgangs immer einmal wieder mitfiebern, wie wenn der Ausgang noch offen wäre. Das mag modernen Literaturwissenschaftlern völlig fremd sein, aber als Leser, und ich finde gerade das ist das Spannende, nimmt man doch sehr teil, ist man engagiert, und sei es sogar an Geschehnissen, die nicht unbedingt voll von Dramatik sind, in die man aber tief hineingezogen wird.

»Mehr, als man gelesen hatte«, herausfinden zu wollen. Ist das der ursprüngliche Forschungsimpuls des Historikers?

Etwas davon ist jedenfalls dabei. Denn in Menschen, nicht erfundene (wenn auch vielleicht »ausgeschmückte«), und in Situationen, Handeln, Leiden sich zu versenken, ist voller Reiz, in die endlose Reihe von Versuchen zu leben, auch zu überleben, zu bestehen, in Ehren vielleicht, oder auch sich durchzuschummeln; in Illusionen, die gehegt werden, um überhaupt weitermachen zu können; in Hoffnungen, die aus einem rätselhaften Reservoir geschöpft werden; in Glauben oder Verzweiflung. Und dann die zunächst kaum lösbaren Probleme, immer wieder die Befangenheit in einer bestimmten Zeit, einer bestimmten Gesellschaft, eventuell auch nur in einem bestimmten Jahrzehnt, das dann einem anderen Platz macht und andere Weisen des Er- und Verschließens kennt: dahinein kann man sich schon verlieren und immer wieder an anderen Stellen ansetzen.

Ich glaube, sehr viel Interesse für Geschichte richtet sich eben auf die verschiedensten Weisen von Menschengeschick und auf deren Nachzeichnen, Nachempfinden. Oder gibt es ein anderes Feld, um dem Menschsein in all seiner Vielfalt und Exotik so auf die Spur zu kommen? Diesem elenden, bitteren, auszuhaltenden und dann gelegentlich doch auch zu meisternden Schauspiel, dessen frühere Ernsthaftigkeit wir uns heute gar nicht mehr vorstellen können. Das war 1948 ganz anders. Und überhaupt weiß man ja, daß in der Wirklichkeit immer wieder Dinge passieren, die keine Phantasie sich vorstellen kann.

Die Geschichte schreibt immer noch die besten Geschichten? In diesem Sinne? Sind Sie also aus Interesse am Menschen zur Geschichte gekommen?

Nein, so hat sie mich fasziniert. Das wäre aber nicht unbedingt ein Grund gewesen, Geschichte zu studieren, oder, wenn man damit schon mal angefangen hat, dabei zu bleiben. Als Laie ist man wahrscheinlich mit einem solchen Interesse besser dran als im Studium …

Es sei denn, man hört Vorlesungen bei Christian Meier …

Vielen Dank! Ich habe mir jedenfalls Mühe gegeben, die verschiedensten Seiten der je behandelten Geschichte, von Hoch und Niedrig, von Vordergrund und Hintergrund vorstellbar zu machen, immer eingedenk des Ausspruchs von Karl Kraus 1914, es passierten Dinge, die man sich nicht vorstellen kann, und könnte man es, sie geschähen nicht. Ich glaube, es kommt viel darauf an, mit Hilfe geschichtlicher Darstellung auch die Phantasie zu schulen, sowohl sie zu erweitern wie auch sie zu kontrollieren. Es kann jeweils unendlich viel passieren. Das muß man wissen, das ist gegebenenfalls auszuhalten.

Nach einem berühmten Wort Goethes beginnt ja alle Kultur mit dem Aushalten – von Widersprüchen.

In der Antike heißt es, ein Motiv zur Darstellung und Lektüre von Historien sei, am Schicksal anderer zu lernen, Geschichte auszuhalten. Damals freilich war der Radius der Möglichkeiten noch beschränkter (wenn auch das Maß der Lebensgefährlichkeit von Politik und Krieg viel höher war). Es konnten noch nicht ganze Gesellschaften umgekrempelt werden …

Aber wenn Sie von meinen Vorlesungen sprechen: Was man da allenfalls tun kann, wird in den Seminaren schon schwierig. Wo es um Methoden geht, um genaue Untersuchungen, um Auseinandersetzungen mit anderen, Quellenkritik. Man kann auch das spannend machen, aber es ist eine andere Art von Spannung, und sie hält meistens nicht durch.

Sie sind aber trotzdem bei der Geschichte geblieben.

Ja, ich war in Rostock schon halb drinnen, und es fehlte mir irgendwie der Schwung, mich davon wieder zu lösen. Später, im Westen, als ich einen kleinen Posten bei Wolfgang Kunkel, dem Römischrechtler in Heidelberg, bekommen hatte, als er mir in Aussicht stellte, falls ich nicht in die Studienstiftung aufgenommen würde, würde er anders für mich sorgen, habe ich im stillen gehofft, daß es dazu käme, um dann Jura zu studieren. Aber damals wie auch bei anderen Gelegenheiten eröffnete sich immer dann, wenn ich meinte, es mit etwas anderem versuchen zu sollen, mit Journalismus etwa, vielleicht auch mit Politik, ein Weg, der mich einlud, bei der Alten Geschichte zu bleiben.

Das klingt nicht gerade entschieden. Erst Naturwissenschaften, dann Slawistik, dann Jura ... heute wären Sie ein Fall für die Studienberatung.

Wieso? Das Hauptfach Geschichte habe ich ja nie gewechselt. Dennoch hat es mich irgendwie stets gereizt, der Verführung zu Bequemlichkeit zu widerstehen, also (trotz meiner bei der Promotion schon vorhandenen dreiköpfigen Familie) auch mal auf Abenteuer auszugehen.

Was meinen Sie damit? Vielleicht auf geistige Abenteuer im Sinne Ihrer ursprünglichen Fragen nach Totalitarismus, NS-Regime, Kommunismus?

Irgendwie ja, denn die haben sich mit der Zeit eigentlich nur vertieft; losgelassen haben sie mich nicht. Zweifellos blieb also etwas von dem ursprünglichen, sehr zeitbezogenen Ansatz der Nachkriegszeit. Bei aller Energie, aller Zeit, die ich auf mein Studium und dann auf meinen Beruf verwandte, war immer etwas am Werk, was mich nicht so ganz darin aufgehen ließ oder vielleicht besser: was mich dazu veranlaßte, immer etwas mehr zu wollen, zum Teil auch anderes zu tun, gerade auch innerhalb der Geschichtswissenschaft, als was sich auf den gebahnten Wegen nahelegte.

Haben Sie sich deswegen dann auch als Außenseiter empfunden?

Das hat jedenfalls eine Rolle dabei gespielt, zumal in der Alten Geschichte. Wenn man es ganz äußerlich nimmt, so habe ich mich nach der Dissertation eigentlich nie mehr so recht in die fachinternen Diskurse einreihen mögen. Immer – oder genauer: fast immer – habe ich mich mit irgendwelchen Sachen herumgeschlagen, Wege gesucht, um ihnen näherzukommen, aber nie hat mich ein »Forschungsstand« interessiert, fast nie ist es mir darum gegangen, andere Auffassungen zu widerlegen, gelegentlich vielleicht in Rezensionen …

Worin lag dieses Desinteresse begründet? In den erwähnten umtreibenden Fragen? Sie sprachen vom Totalitarismus. Damit kann ich etwas anfangen, aber trotzdem ist mir Ihre geistige Konstitution von damals noch nicht so recht klargeworden.

Ich kann sie selber nur mehr vage umreißen. Die Fragen, die sich aus ihr ergaben, waren wohl zunächst auch ziemlich wirr und vielfältig, und die Erinnerung ist nicht in jeder Hinsicht verläßlich.

Das ist natürlich besonders für den Historiker eine interessante Feststellung. Inwiefern sind Sie sich eigentlich Ihrer Erinnerung an diese Zeit vor bald siebzig Jahren sicher?

Aufs Ganze gesehen: bedingt. Nehmen Sie ein Beispiel: Unter den ganz wenigen Büchern respektive Broschüren, die ich mir damals anschaffen konnte, denn ich hatte ja kaum Geld, war Jaspers' Schrift von 1946 *Die Schuldfrage*. »Berlin 7.9.48« ist ganz vorne verzeichnet. Bei irgendeinem Umzug ist sie in eine danach nicht ausgepackte Kiste geraten. Ich war lange der Meinung, daß ich sie seinerzeit bei der Lektüre höchst kritisch aufgenommen hatte. Spätere Autopsie hat mich darüber belehrt, daß die Erinnerung falsch war. Denn wie das damals meine Sitte war, habe ich Unwillen am Rand artikuliert. Es fand sich aber kein Anzeichen für Kritik, von Einzelheiten abgesehen, bei vielen Unterstreichungen.

Ihre Erinnerung an Ihre damalige angebliche Sitte kann Sie aber genauso täuschen.

Ganz ausschließen kann ich das nicht. Aber es ist sehr unwahrscheinlich. Zu deutlich steht mir das Bild des damaligen Lesers vor Augen. Natürlich ist Erinnerung selektiv. Unendlich viel vergißt man (manchmal kommt es wieder hoch), an anderes erinnert man sich falsch. Um von den Fällen zu schweigen, wo Erinnerung das Erinnerte sozusagen in die Sonne rückt, weil sie untrennbar damit verbunden ist, daß man damals jung war, beweglich, verliebt oder was immer. Aber es gibt unterschiedliche Grade, in denen beim Einzelnen gleichsam die verschiedenen »Provinzen« der Erinnerung lebendig sein können, in unterschiedlichem Ausmaß. Reinhart Koselleck hat von der Erfahrung gesprochen, wie sich schmerzhafte Erinnerung in einzelne Organe einfrißt. Und es gibt Erlebnisse, die besonders spannend waren, für mich etwa 1950 der glücklicherweise vereitelte Versuch, mich in Ro-

stock zu verhaften. Diese Erinnerung ist bis ins Detail
genau. Es läßt sich an erhaltenen Briefen und Briefent-
würfen – ebenfalls in einer lange unausgepackten Kiste –
kontrollieren. Ich glaube, mich auch an verschiedene Szenen und Äußerungen zuverlässig zu erinnern, die sich
mir besonders eingeprägt haben. Sie hatten gleichsam
einen kräftigen Nachhall, sei es, weil sie bestimmte, irgendwie bedeutsame Situationen unter Umständen geradezu
ausmachten, sei es, daß sie im Gedächtnis tiefe Eindrücke
hinterlassen haben. So etwas denkt man sich nicht aus.
Anderes, zum Beispiel abstrakte Ausführungen oder Begriffe habe ich mir dagegen stets einhämmern müssen
und dann oft genug doch vergessen. Für mein Nachdenken über die NS-Zeit, speziell den Widerstand, steht
wiederum ein Buch, das mir mein bettelarmer Vater auf
meinen Wunsch schenkte, die Tagebücher von Ulrich
von Hassell.

**Sie rekonstruieren beziehungsweise überprüfen Ihre Erinnerung
also vor allem durch Briefe und Anstreichungen in Büchern? Haben
Sie kein Tagebuch geführt, das ja nach Ernst Jünger die letzte Art
von Gespräch ist, das man unter totalitären Umständen führen
kann?**

Nein. Nur Bücher, in die ich Dinge eintrage, die mir besonders interessant erscheinen, Einfälle auch, Zitate und
so weiter. Was ich für jene Zeit sicher weiß, war die Frage,
ob den Russen und dem Kommunismus die Zukunft ge-
höre, ob also nicht nur die imposante Gewalt etwa der
Roten Armee, sondern auch die unter SED-Ägide sich
entfaltende Ideologie samt all den Liedern, Aufmärschen
etc. dem Westen weit überlegen waren. Es gab eine Menge
Agitation, im Großen und im Kleinen, und sie war zum
Teil recht intelligent, in der Tradition des Widerstands

gegen das NS-Regime. Wir haben die SED in der Universität bekämpft, aber immer wieder gab es die Frage, ob wir damit nicht auf der falschen Seite stünden. Man konnte da durchaus schwanken.

1950 war ich zum Beispiel in Berlin, als dort das Deutschland-Treffen der FDJ stattfand. Unter den Linden marschierten sie in, ich glaube, Zwölferreihen, gut getrimmt. Wenn es Aufenthalt gab, intonierten sie stolz: »Stalin! Stalin!« Da lief es mir kalt über den Rücken. Ich habe offenbar so kritisch dreingeschaut, daß jemand am Straßenrand bemerkte, wer da nicht begeistert sei, der müsse ein Klassenfeind sein. Worauf ich den Platz wechselte. Als ich aber nach Rostock zurückkam, fragte mich meine Freundin sehr ernsthaft, ob wir nicht unrecht hätten, uns der Begeisterung entgegenzustellen.

Ich habe festgestellt, daß es mir sogar schon im Fußballstadion oder auf großen Konzerten bisweilen sehr unheimlich wird. Wenn plötzlich alle Leute ihr Ich (und, wie ich finde, auch ein bißchen ihre Würde) ab- oder, besser: aufgeben und sich zu einer ungeheuren Macht zusammenschließen, in der sie sich in vollkommenem Einklang wähnen und ein trügerisches Stärkegefühl entwickeln. Da fühlt man sich als Einzelner leicht ausgeschlossen, und ich habe mich oft gefragt, ob das nur meine Sturköpfigkeit oder nicht doch eine natürliche und gute Scheu davor ist, die Kontrolle abzugeben. Jedenfalls fällt mir dabei immer Canettis *Masse und Macht* ein, und mich gruselt. Derweil sind solche Phänomene in heutigen Zeiten ja letztlich harmlos, aber doch psychologisch hochinteressant.

Damals war das keineswegs harmlos. Man dachte natürlich auch über die Verläßlichkeit von Personen nach. Als Hitler seine Herrschaft einrichtete, war ich und waren die meisten meiner Kommilitonen noch recht jung. Jetzt aber konnten wir die Etablierung einer neuen Herrschaft hautnah beobachten. Wir konnten zusehen, wie überall Konzessionen gemacht wurden, wie dieser und jener schwach war, sich gewunden hat, wie einige aber auch, ich habe das an zwei Beispielen studieren können, geradezu Erwekkungserlebnisse hatten. Die sah man dann mit beseligter Miene durch Rostock gehen: Sie waren konvertiert. Wie war das möglich, menschenmöglich? Sie waren doch klug und, so hatte es uns geschienen, vernünftig. Sie mußten doch wissen, was alles mit Ideologie angerichtet werden konnte.

Das sehe ich alles ein. Aber wie konnten Sie erwarten, über solche Fragen an der Universität aufgeklärt zu werden? Man muß ja, das ist meine Erfahrung, die Universität geradezu meiden, wenn man nach Relevantem sucht oder giert …

Natürlich war das naiv. Aber einiges hätten Psychologie, Neueste Literatur und vor allem Historiker vielleicht doch auf solche Fragen hin antworten können. Und jedenfalls, das ist wohl das Wichtigste, war ich damals zutiefst verunsichert und erhoffte mir von der Universität Hilfe. Vielleicht stand der Wunsch dahinter, wenn ich einmal wüßte, was zu tun sei, daran mitzuwirken, in der Öffentlichkeit.

Schiebt sich hier also schon der Begriff der Verantwortung in den Vordergrund, der es 1968 in der Basler Antrittsvorlesung immerhin in den Titel schaffte?

Ich weiß es nicht, ob ich ihn damals schon sonderlich gebraucht habe.

Jedenfalls muß Ihre damalige Beunruhigung groß gewesen sein?

Vielleicht habe ich es stärker so empfunden als andere, oder es hat stärker in mir fortgewirkt. Aber es war doch ein ungeheuer tiefer Einschnitt, den wir erlebt hatten und erlebten. Da war nicht nur das Naziregime, sondern das ganze Reich zusammengebrochen. Da war ein ganzes

Volk total gescheitert, eigentlich schon 1933, aber ganz unverkennbar dann 1945. Da richtete man sich einerseits in den Trümmern wieder ein, provisorisch, hatte aber andererseits auch den Boden unter den Füßen verloren. Wohl ließ sich darüber hinwegleben. Ich hatte es ja zunächst auch getan während meiner restlichen Schulzeit. Aber es rumorte weiter in mir, und als ich frei war von den vielen unmittelbaren Aufgaben der Schule, dachte ich mehr darüber nach.

Wie weit waren Sie denn in das NS-Regime einbezogen? Ich möchte wissen: Welche Rolle hat Ihr Elternhaus dabei gespielt? Wer war die tonangebende Figur? Vater oder Mutter? Wie standen sie zum NS?

Mein Vater war ganz und gar kein Nazi, ist auch nie einer nazistischen Organisation beigetreten. Meiner Mutter hat sogar die Kreisleitung der Partei das politische Führungszeugnis verweigert. Sie wollte im Roten Kreuz mitarbeiten, aber, ich habe das schriftlich, der Kreisleiter von Rostock teilte der Organisation daraufhin mit, »daß für die Genannte nicht die Gewähr des rückhaltlosen Einsatzes für Bewegung und Staat übernommen werden kann«. Solche Ansprüche stellte man damals an Leute, die nur bei der Pflege von Kranken und Verwundeten helfen wollten! Kaum vorstellbar. Doch sind meine Eltern durchaus national gesinnt gewesen. Warum sie mich unter einer schwarz-weiß-roten Fahne haben taufen lassen, weiß ich nicht.

Was war Ihr Vater?

Ursprünglich ein Tunichtgut. Als Sohn eines Gymnasialprofessors, Gelehrten, späteren Museumsdirektors hätte er eigentlich sein Abitur machen müssen. Doch soweit brachte er es nicht, sondern nur zum sogenannten Einjährigen, das heißt etwa zur Mittleren Reife. Anschließend ging er auf die Kolonialschule, um dann nach Deutsch-Südwest aufzubrechen; der Ankauf einer Farm ist irgendwie nicht zustande gekommen, so daß er weiter ging nach Australien, wo er 1914/18 interniert wurde. Nach der Rückkehr wurde er, ganz zufällig, Leiter eines Torfwerks, um dann in den landwirtschaftlichen Beratungsdienst überzuwechseln. Diese Posten hat er sicher gut besorgt, hatte von daher viele gute Freunde und Bekannte. Aber, wenn es irgendwie ging, hat er sich in die Lektüre guter Romane versenkt; vielfach auch englischer, er war sehr anglophil. Er wollte möglichst seine Ruhe haben. War entsprechend großzügig zu seinen Kindern. Seit 1934 ein wenig durch Diabetes geschwächt.

Wie standen Sie emotional zueinander?

Ich würde, so wie es mir von Hause aus, und zwar aus gutem Grund, selbstverständlich war, sagen: Ich habe ihn geliebt – natürlich. Obwohl …

Obwohl?

… ich meiner elf Jahre jüngeren Mutter mehr anhing. Sie war sehr aktiv, legte sich im Krieg einen Schrebergarten zu, um uns besser ernähren zu können. Spielte gern Schlager auf dem Grammophon, war lebenslustig. Was ich an meinem Vater hatte, habe ich erst später begriffen und bin ihm seitdem sehr, sehr dankbar dafür.

Wofür?

Einerseits, aber das war wohl nicht so wichtig, habe ich bei ihm gutes Deutsch gelernt, in unendlich vielen Gesprächen. Denn darauf verstand er sich, er hätte wohl auch Schriftsteller werden können. Vor allem aber war er einer der anständigsten Menschen, die ich je erlebt habe.

Inwiefern?

Nehmen Sie ein Beispiel: Unter den Kindern, mit denen ich in Stettin auf der Straße spielte, waren drei Jungen, von denen es plötzlich, wohl 1936/37, hieß, das seien Juden, mit denen dürfe man nicht spielen. Nebenbei gesagt stimmte das gar nicht, sie waren wie ihre Eltern Christen, nur nach den Rassegesetzen »Halbjuden«. Ich ging also zu meinem Vater und fragte ihn: »Was sind Juden?« – »Warum fragst du?« Und als ich das berichtet hatte, fragte er, ob ich das Gefühl hätte, daß sie anders seien als ich. Als ich es verneinte, sagte er, dann solle ich weiter mit ihnen spielen. Er hat meine Mutter zu deren Eltern geschickt, und die Elternpaare haben sich angefreundet.

Glücklicherweise konnten zunächst die Kinder, später die Eltern nach England auswandern. Ich weiß noch ganz genau, wie es war, als ich in einer Pause auf dem Schulhof von der bevorstehenden Emigration der Freunde hörte. Nichts hat mich in meiner Kinderzeit stärker aufgerührt, so daß sich die ganze Geschichte mir auch so tief eingeprägt hat. Als die Eltern den Kindern folgten, um Ostern 1939, machten sie einen Abschiedsbesuch. Ich bekam das Seitengewehr des Vaters aus dem Weltkrieg. Er war ein begeisterter Soldat und Offizier gewesen. Die Klinge war abgeschnitten, denn Juden durften ja keine Waffen besitzen. Meine Eltern aber bekamen das Exemplar von Hitlers *Mein Kampf* mit dem Exlibris Bauchwitz (so hießen sie). Und als sie das übergaben, haben alle vier, ich höre es noch, laut gelacht. Jahrzehntelang habe ich darüber nachgedacht, bis mir schließlich die Erklärung kam, daß damit gesagt war, das ist jetzt euer Problem! Womit sie ja recht hatten, bis heute.

Welche Erinnerungen haben Sie noch in dieser Hinsicht?

Kurz nach der Eroberung Polens wurde mein Vater nach Posen versetzt. Als wir ihn besuchten, Anfang 1940, standen dort lange Schlangen vor den Lebensmittelläden, und mein Vater sagte, Deutsche brauchten sich da nicht anzustellen. Mir gefiel das mit meinen zehn Jahren. Aber da bekam ich sofort einen Verweis: »Das tut man nicht!« Mein Vater hat bald alle Hebel in Bewegung gesetzt, um eine neue Stelle, in Rostock, zu bekommen.

Wie und inwieweit war bei Ihnen zu Hause von den Nazis die Rede?

Von den Nazis war natürlich immer wieder die Rede, je nach Gelegenheit. Meine Eltern äußerten ihre Urteile recht offen. Ich bekam eingeschärft, daß ich das anderen nie sagen dürfe, sonst käme mein Vater ins KZ. An Einzelheiten kann ich mich kaum noch erinnern, außer daß mein Vater verschiedentlich erklärte, so einen Bart und so eine Schmachtlocke wie Hitler dürfe man gar nicht haben. Und so äußerte er auch seine tiefe Verachtung für die braungekleideten Bonzen mehrfach. Als er an politischen Feiertagen statt der schwarz-weiß-roten Fahne die mit dem Hakenkreuz heraushängen mußte, hat er es stets nur unter Klagen getan. Und er hat, so viel ich weiß und gehört habe, immer durch Abnehmen des Hutes gegrüßt statt den Arm zum »Heil Hitler« zu heben.

Wie war es in der Schule und vor allem dann in der Hitlerjugend? Über letztere lese ich immer wieder, daß sie viele auch als ganz spannend und erlebnisreich empfanden. Eine gewisse Abenteuerlust konnte da wohl ausgelebt werden.

In der Grundschule war einiges politisiert. Ich weiß nur noch eine Einzelheit, aber die ist vielleicht nicht untypisch. Ich war verwundert, als auf dem Gymnasium im Religionsunterricht plötzlich von Jesus die Rede war. Als mein Vater fragte, was ich mir denn gedacht hätte, habe ich ihm erwidert: Da werden doch Volkslieder gelernt und gesungen. So war das offenbar in der Grundschule gewesen. Wobei mir ein weiteres Mißverständnis unterlief, denn unter »Volkslieder« verstand ich NS-Lieder, etwa »Ein junges Volk steht auf …«.

Und auf dem Gymnasium?

Da war es unpolitischer, im Stettiner Marienstiftsgymnasium wie in der Großen Stadtschule in Rostock. Obwohl mir auch da merkwürdige Szenen in der Erinnerung sind. Der Zeichenlehrer etwa, der unmittelbar nach Betreten der Klasse irgendeine Siegesmeldung wiedergibt und anschließend sein »Heil Hitler« in die Klasse schmettert. Natürlich muß vieles an nazistischem Gedankengut vermittelt worden sein. Aber je länger es dauerte, je älter ich wurde, dann ja zumal in Rostock seit 1941, glaube ich sagen zu können, daß sich die Sache in Grenzen hielt. Natürlich mußte jede Stunde mit einem »Heil Hitler« beginnen. Jeder hob dazu den Arm, aber die wenigsten taten es nach Vorschrift. Und artikulierten den Gruß deutlich. Vielfach wurde er mehr oder weniger verschluckt. Da hatte sich vielleicht doch manches schon abgeschliffen. In den dreißiger Jahren war das noch anders. Da ist es mir zu meinem großen Schreck passiert, daß ich, als ich beim Betreten eines Ladens schüchtern mein »Guten Tag« vorbrachte, angebrüllt wurde, »Heil Hitler« hieße das. Im übrigen spielte ja auch mit, daß die NS-Ideologie ziemlich dürftig war – im Unterschied zum Marxismus später in der DDR.

Sie meinen also, die Indoktrination durch den Nationalsozialismus sei gar nicht so stark gewesen, wie man immer annimmt? Es gibt ja das berühmte Zitat, in dem sich Hitler brüstet, von der deutschen Jugend käme ihm keiner aus. Erst müßten sie zu den Pimpfen, dann zur HJ, anschließend zum Arbeitsdienst, dann in die Wehrmacht – und Sie wären sofort danach an die Front gekommen. Dazu die ganze gleichgeschaltete Presse …

Also, ich schränke ein. Vielleicht habe ich es nicht genau genug im Gedächtnis. Vermutlich ist manches an mir abgeprallt, weil ich es von Haus aus anders sah und wußte. Vielleicht hatte ich auch das Glück, in der Schule nicht mit wilden Nazis oder HJ-Führern zusammengewesen zu sein. In der Rostocker Klasse hatte ein einziger einen höheren Rang, und der war sehr zurückhaltend, hat auch nichts verpetzt, ist übrigens später ein bedeutender Bildhauer geworden. Und die Fähnleinführer bei der HJ, die ich hatte, könnten auch eher im Drill als in der »Lehre« streng gewesen sein. Insofern ist es mir vielleicht untypisch ergangen. Die Verhältnisse waren ja keineswegs überall wirklich gleichgeschaltet. Trotzdem: Was war da viel zu indoktrinieren? Der Glaube an den Führer! Etwas weniger schon an die Partei (deren vollgefressene Bonzen sehr abstoßend wirken konnten), vielleicht eine Idee von germanischer Mission, von Blut und Boden, den Deutschen als Herrenvolk und natürlich der gefährlichen Rolle der Juden. Das konnte sich aufs Schlimmste auswirken, wie man weiß, aber keineswegs überall, und je mehr sich die Niederlagen häuften, um so mehr breitete sich Nüchternheit aus. Das schloß nicht aus, daß schneidige Jungen sich freiwillig zur Waffen-SS meldeten. Auch nicht, daß man jedenfalls durchhalten wollte; die Wut auf die alliierten Bomber hat das bestärkt. Aber in der Breite ließ doch die Begeisterung nach, die ja ein wichtiges Element der für sich genommen gedankenarmen NS-Ideologie gewesen ist. So jedenfalls glaube ich mich zu erinnern.

In der Schule war der Nazi-Einfluß in meinem Fall gering. Vielleicht sollte ich – neben dem Direktor, einem alten Demokraten, der deswegen auch keinen Geschichtsunterricht erteilen durfte, sehr zu seinem Leidwesen – unseres Geschichtslehrers Müde (oder Müthe [nämlich Helmut]) Gaedt gedenken. Der war als Freimaurer seines Direktorpostens in Bad Doberan enthoben worden, durfte aber Geschichtsunterricht erteilen. Regelmäßig begann er die Stunde damit, daß er im Geschichtsbuch Passagen streichen und neue Texte an den Rand schreiben ließ. Bald mehr, bald weniger. Das hielt sich natürlich in Grenzen, aber bezeugte doch, daß er sich nicht alles bieten ließ, was im »Gehl« dargeboten wurde. Und sein Unterricht war glänzend, er verstand sich wie wenige darauf, durch geschicktes Fragen die Urteilskraft seiner Schüler zu befördern. Vor dem Einmarsch der Russen hat er sich mit seiner Frau das Leben genommen. Das Ende des Regimes kann der Grund nicht gewesen sein. Ich habe 1995, als am Vorabend des 8. Mai alles sich überschlug, um die Befreiung zu feiern, in einem kleinen Artikel in der *FAZ* über ihn berichtet und soviel Zustimmung von den verschiedensten Seiten dazu bekommen, wie wohl nie sonst auf einen Zeitungsaufsatz.

Was waren Sie eigentlich für ein Schüler?

Ein erfolgreicher, aber auch ungezogener, so sehr, daß mir einmal sogar ein *consilium abeundi* erteilt wurde. Der Brief kam ausgerechnet am Heiligen Abend an, meinen Vater hat das derart empört, daß er ihn nicht beachtet hat.

Das war damals schon obligatorisch. Die Uniform mußten die Eltern kaufen. Kurze Hosen und Braunhemd für
den Sommer, Skihose samt Bluse für den Winter. Meine
Gefühle waren gemischt. Daß man mittwochs und sonn-
abends Dienst zu tun hatte, störte mich. Anderes, vor
allem das, was aus der Jugendbewegung übernommen war,
fand ich zum Teil ganz schön. Ich habe auch gern mitge-
sungen, woran ich mich zum Teil ungern erinnere. In
Sport war ich schlecht, Boxen fand ich widerlich, bei den
Schulungen konnte ich besser mithalten.

**Und wie ging das mit dem zusammen, was Sie von zu Hause mitbe-
kamen?**

Kaum so recht. Doch kann man sich in solchen Systemen
ja daran gewöhnen, nicht alles ernst zu nehmen, was
einem geboten wird. Vieles läßt man einfach an der Ober-
fläche hängen. Manches mußte auch nur gelernt werden,
zum Beispiel der Lebenslauf des Führers oder das Partei-
programm. Und in meiner Zeit nahm die vormilitärische
Ausbildung schon viel Raum ein, Geländespiele bei Tag
und bei Nacht, Orientierung anhand von Generalstabs-
karten, Morsealphabet, Schießen mit Kleinkalibergewehr
etc. Marschieren tat man ja eh. Wenn ich mir alte Photo-
graphien aus der Zeit ansehe, habe ich den Eindruck, daß
ich mir in der Uniform gefallen habe. Das mag damit zusammenhängen, daß damals viele Uniformen getragen
wurden, insbesondere von der Wehrmacht. Man war wohl
ganz gern uniformiert.
Damals spielten viele, übrigens auch meine Freunde in
Stettin, gerne (mit) Soldaten. Es gab auch Kinderunifor-
men, Mützen und sogenannte Heldenbrüste. Daher be-

kam ich wohl auch das Seitengewehr des Vaters meines Freundes. Aber mehr als wohl viele andere bewunderte ich auch die Wehrmacht. Vielleicht großmütterlicher Einfluß? Mehrere meiner Vettern waren Offiziere. Offizier zu sein, schien mir etwas Besonderes, mit ritterlichen und Ehrenvorstellungen verbunden. Und mit einer besonderen Haltung. Den Wahrheitsgehalt daran anknüpfender Illusionen habe ich damals nicht zu überprüfen vermocht.

Mein Vater war zwar ziemlich unmilitärisch, aber er hatte eine sehr hohe Meinung vom Militär, verband wohl auch mit dem »Rocher de bronze« die Hoffnung auf einen Umsturz. Der Name des Generals Hammerstein ist mir von daher wohlvertraut. Und es könnte durchaus sein, daß mein Vater meine Liebe zum Militär gefördert hat, weil er meinte, dann hätte ich wenigstens etwas Positives in diesem Staat.

Als der Wehrmachts-Nachwuchs-Offizier – so etwas gab es im Kriege – im Jungvolk Offiziersbewerber suchte, habe ich mich mit mehreren anderen gemeldet, für die Reserve. Wir konnten uns später darauf berufen, als es hieß, der Führer wünsche, daß der Jahrgang 1929 geschlossen zur Waffen-SS gehe. Außerdem hat es mir den Wehrdienst erspart, denn bei der Musterung im Januar 1945 wurden die Offiziersbewerber zunächst zurückgestellt.

Würden Sie das berühmte Wort von der Gnade der späten Geburt auch auf sich anwenden?

Aber natürlich. Der Jahrgang 1929 (samt den gleich darauf folgenden) hat außerordentliches Glück gehabt. Drei Klassen über mir sind nahezu alle gefallen. Aber es war nicht nur das. Vielmehr haben wir auch, ich würde sagen seit etwa Anfang der sechziger Jahre, teilgehabt an einem ungeheuer belebenden, animierenden, fruchtbaren Aufschwung, der einem die besten Chancen gab.

Haben Sie an den 20. Juli eine Erinnerung?

Ja, sehr wohl. Ich war bei einem Jugendfreund meines Vaters, der in Dessau-Roßlau eine Fabrik hatte, machte dort ein chemisches Praktikum im Labor. Am 20. Juli aber hatte ich frei, ein Neffe war zu Besuch gekommen, und wir sollten nach Wörlitz fahren. Abends wurden wir feierlich in das Arbeitszimmer bestellt, und es wurde uns voller Empörung mitgeteilt, eine Clique von Offizieren habe unseren Führer ermorden wollen. Ich muß es wohl niedergedrückt aufgenommen haben. Das konnte man ja aus verschiedenen Gründen sein. – Zuvor hatte ich im Labor erlebt, was ein Herrenmensch war. Als der Herr Direktor mit mir zum ersten Mal ins Labor kam, mußte ihm eine etwas ältere Mitarbeiterin Meldung machen, eine russische Ärztin, wie ich erfuhr, die ich hinterher als sehr nett und klug kennenlernte. Dabei fiel das Schlüsselbund des Direktors auf den Boden. Schnell hob ich es auf, um dann gesagt zu bekommen, daß ich das in Gegenwart einer Russin nicht durfte. Er hatte es mit Absicht fallen lassen. Mein Vater holte mich in Dessau ab. Auf dem Bahnhof sah ich erstmals Soldaten mit erhobenem Arm statt mit der Hand an der Mütze grüßen, was mich sehr erschüttert hat.

Warum?

Militär war für mich eben etwas ganz anderes als Nazitum. Ich fand, daß es dem Nazitum nicht hätte anheimfallen dürfen. Außerdem war mir das »Heil Hitler« zuwider. Das ist, fällt mir dabei ein, übrigens ein guter Anhaltspunkt dafür, wie es in meinem Umfeld damals aussah. Es kam mir – ich habe da noch genaue Erinnerungen – sehr befremdlich vor, daß mich die Mutter eines Freundes, wenn ich dorthin zu Besuch kam, mit einem etwas geleierten »Heil Hitler« begrüßte. So etwas war ich im privaten Bereich überhaupt nicht gewohnt, während man in der Öffentlichkeit als Pimpf natürlich den Arm zu heben hatte.

Aber wie konnten Sie darauf kommen, die Wehrmacht so stark von den Nazis abzusetzen? Hat sie nicht im Sinne Hitlers gekämpft und sich völlig instrumentalisieren lassen?

Da haben Sie recht. Aber ich und ich vermute, es ließe sich sagen: man hat das damals teils nicht (oder nicht in dem Ausmaß) gewußt, jedenfalls ganz anders gesehen, vielleicht auch sich Illusionen hingegeben. Man war zumindest weit überwiegend der Meinung, daß wir als Deutsche diesen Krieg führten. Wie schon 1914/18, was allen noch sehr präsent war.

Ich bin überzeugt, daß das Gros derer, die in den Krieg gezogen sind, das vielleicht aus Begeisterung, zumal aber aus Verpflichtung dem Vaterland gegenüber getan hat, egal wie sie zu den Nazis standen. Es versetzt mir bis heute einen Stich, wenn es heißt, die Nazi-Armeen seien 1939 in Polen eingefallen. Es waren keine Nazi-Armeen. Viele Offiziere und auch Soldaten hätten sich dagegen gewehrt. Und andererseits ist es eben ganz Deutschland, das in diesen Armeen präsent war und das für das, was damals angerichtet wurde, zu haften hat. Man kann nicht alles auf die Nazis schieben. Es waren deutsche Armeen. »Nazi-Armeen« bedeutet, daß wir uns ein Stück weit aus unserer Geschichte verabschieden. Verständlicherweise, aber wahrheitswidrig. Also, das eine (die Deutschen) läßt sich vom anderen (den Nazis) nicht trennen. Man kann allerdings finden, daß die Einzelnen zum Teil mehr in diese, zum Teil mehr in jene Richtung neigten. Die Frage war, wo der Akzent lag. Für mich bei der Wehrmacht; und in Gesprächen konnte man damals durchaus von der Erwartung hören, daß die nach dem Krieg mit den Nazis aufräumen würde. Umgekehrt erwarteten die Nazis, dann ihrerseits mit allem möglichen aufräumen zu können, etwa mit den Kirchen. Also, manches wurde, so ist meine Erinnerung, aufgeschoben, weil wir zunächst einmal mit dem Krieg fertigwerden mußten.

Wie sehr die Wehrmacht nicht nur von Hitler in Dienst genommen wurde und die Fronten verteidigte, hinter denen man die Juden vergaste, sondern auch an Untaten teilgehabt hat, war mir nicht bekannt.

Und wie kommt einem das nachträglich vor?

Es macht einen schon beklommen. Man fragt sich, wie weit man da auf etwas hereingefallen ist.

Und die Antwortet lautet?

Soll ich jetzt sagen: weit? ziemlich weit? eine ganze Strecke lang? Ich wüßte es nicht, bin mit meinem Nachdenken darüber und mit meinen Kenntnissen davon bis heute nicht weit genug gelangt. Aber wie auch immer, so wie ich es damals empfunden habe, meiner Erinnerung nach, war es ein Krieg, den unser Militär führte. Später ist die Weise, in der frühere Generale in engem Kontakt mit großen Teilen der Gesellschaft dies bekräftigten, gewiß nicht ohne Einfluß auf mich geblieben. Sie müssen bedenken, da kämpft ein Volk jahrelang unter einer, wie es dann erfährt, durchaus verbrecherischen Führung, die zugleich das wohl größte Verbrechen der Geschichte anrichtet und einen verbrecherischen Krieg führt. Es bringt Väter, Söhne, Brüder etc. in großer Zahl zum Opfer – und dann sollen die diesen Krieg auch wider Recht und Sitte geführt haben? Das war wohl zuviel. Dagegen hat man sich gesträubt. Alle anderen Gruppen mochten alles mögliche Unrecht getan haben (zumal die, denen man nicht selbst angehörte), aber die Wehrmacht nicht.

Und seitdem Sie es besser wissen – wie denken Sie da über die Wehrmacht?

Schlecht, insofern sie sich an Verbrechen beteiligte, insofern sie sich instrumentalisieren ließ; und differenziert, insofern es gar nicht Wenige gab, die sich sträubten, alles mitzumachen, und – übrigens vom Juli '44 an – sehr gut über alle, die Widerstand leisteten. Um die Tapferkeit, die diese Armee ja auch bewies, beiseite zu lassen. Man muß da jedenfalls genaue Unterscheidungen treffen – und immer wieder die Einzelnen, viele Einzelne jedenfalls, von der Gesamtheit unterscheiden.

Aber war es nicht ein Krieg, den Deutschland gar nicht gewinnen durfte?

Ja, jetzt weiß man das. Aber damals? Ich habe später von einem damals jungen Offizier gehört, der, als er einiges von dem erfuhr, was hinter der Front geschah, fand, wenn das wahr ist, dürfen wir den Krieg nicht gewinnen.

Ernst Jünger schreibt in den *Strahlungen* über »ungeheuerliche Schandtaten des Sicherheitsdienstes«, die im Zuge der Eroberung von Kiew geschahen: »Ein Ekel ergreift mich … vor den Uniformen, den Schulterstücken, den Orden, den Waffen, deren Glanz ich so geliebt habe.«

Aber beide haben doch weitergemacht.

Können Sie das nachvollziehen?

Doch, ja. Es blieb der Krieg zu führen, und desertieren wollten sie nicht. Zudem ist da das Problem des Wissens. Nicht wenige haben von den Judenerschießungen großen Stils, zumindest von denen, gewußt. Und es ist vieles davon durchgesickert. Aber für wie sicher hält man das? Und was macht man mit solchem Wissen?

Vom Vater Joachim Fests gibt es die Äußerung, daß machtlos zu sein und nun auch noch konkret zu wissen, was Schreckliches geschah, eigentlich noch schlimmer auszuhalten war, als nur machtlos zu sein und höchstens zu ahnen. Daher meine Frage, erst einmal ganz wertfrei: Was wußten Sie von dem, was die damalige interne Sprachregelung die »Endlösung der Judenfrage« nannte?

Natürlich wußte ich, daß die Juden schlecht behandelt wurden, wahnsinnig schlecht sogar. Das sah ich an meinen »jüdischen« Freunden. Deren Vater war sogar im KZ gewesen. Ich wußte weiter, daß Denunziation möglich und man dementsprechend auch selber bei politisch abweichenden Äußerungen in Gefahr geraten konnte. Ich glaube mich auch an Geschichten zu erinnern, Person x sei wegen Erzählens politischer Witze in der Straßenbahn plötzlich verschwunden. Daß also dem Regime mißliebige Personen unter Umständen auch ins KZ kamen, war mir bewußt. Dagegen kann ich mich nicht entsinnen *(haut auf den Tisch)*, von irgendwelchen Vernichtungslagern jemals gehört zu haben.

Man muß sich auch fragen, was Wissen hier bedeutet. Doch nicht einfach eine tote Masse, sondern etwas Lebendiges, das arbeitet, unter anderem um verdrängt zu werden, das andererseits (wenn man nicht gerade ein eingefleischter Gegner des Regimes ist oder den Entschluß zum Attentat faßt) keinen Hebel findet, um sich zu betätigen. Da gerät das leicht in irgendwelche staubigen Ecken.

Zudem war man ja durch die Kriegführung wohl stark beansprucht. Spanne einen Menschen in eine rastlose Tätigkeit ein, hat Hannah Arendt sinngemäß gesagt, und es wird ihm unmöglich, genauer darüber nachzudenken, was er eigentlich tut.

Vielleicht darf ich noch eine Kleinigkeit zu den Pflichten im Krieg nachtragen. Mein Vater hat 1945 einen Bericht über unsere Flucht aus Rostock geschrieben. An den Sieg glaubten wir schon lange nicht mehr, für mich kann ich als *terminus ante quem* den Sommer 1944 nennen. Und mein Vater wußte und sagte auch, daß die geplante Verteidigung von Rostock ein Irrwitz war. Trotzdem finde ich dort den Passus: »Ich hatte ihm (mir) noch vierzehn Tage zuvor gesagt, er dürfe sich keineswegs dem Vorwurf aussetzen, desertiert zu sein, wie so viele nationalsozialistische Amtswalter, die er nicht zuletzt deswegen tief verachtete.« Nehmen Sie das als Nachtrag zum Krieg der Deutschen. Ich war zu diesem Zeitpunkt aber nicht mehr überzeugt, daß das Kämpfen noch meine Pflicht gewesen wäre.

Wie würden Sie Ihren Vater heute bewerten?

Er hat sich klug und, ich kann es nur wiederholen, anständig verhalten. Mehr kann man, glaube ich, nicht von ihm verlangen. Märtyrertum kann nicht zur Pflicht erhoben werden. Widerstand hätte nur Sinn gehabt, soweit und wo sich mehrere dazu zusammengetan hätten, und dazu hatte er keine Gelegenheit. Was er von der Judenvernichtung wußte, weiß ich nicht. Er hat es jedenfalls nicht geäußert, möglicherweise ahnte er etwas, aber wußte es nicht. Er war über Manches insofern relativ gut informiert oder konnte sich informieren, als er Bekannte im Oberkommando der Wehrmacht hatte; so hat er von der Einkesselung der

6. Armee in Stalingrad erfahren, noch ehe das in der Öffentlichkeit bekannt wurde, und er hat davon auch am Familientisch erzählt.

Wie fühlt sich das eigentlich an: im Krieg zu sein? Will man da als Vierzehn- bis Sechzehnjähriger nicht unbedingt gewinnen? Ich vermute, ich in dieser Situation hätte gewinnen wollen.

Natürlich. Man wird in gewissem Sinne in eine Ausnahmesituation versetzt. Man war innerlich wie äußerlich stark mobilisiert, die Heimatfront mußte halten, die ganze Kriegszeit steckte voller Energie. Es entstand auch ein gewisser Leistungsdruck, der Ehrgeiz, sich auszuzeichnen, wurde angestachelt, ich habe nach langem Üben endlich ein HJ-Leistungsabzeichen erlangt. Dieser verinnerlichte Leistungswille ging sehr weit.

Ständig, in Zeitung, Rundfunk und in der *Wochenschau* des Kinos begegnete einem der Krieg, in der Hitlerjugend traten bewährte Soldaten auf, die vom Krieg berichteten. Der weitaus größte Teil der männlichen Bevölkerung war beim Militär. Die Frauen hatten vieles von ihnen zu übernehmen. Zumal seit Beginn des Rußlandfeldzugs 1941 kamen die vielen Todesanzeigen, immer mehr, immer öfter. Es schlug bald ferner, bald näher ein. Mit etwa 14 Jahren war ich Obmann des Gymnasialruderklubs geworden. Als das erste der früheren Mitglieder fiel und ich einen Kondolenzbrief schreiben mußte, bin ich zu meinem Vorgänger geradelt (er war Flakhelfer in der Nähe), wir entwarfen gemeinsam ein Muster. Dann fiel dessen Bruder … Man wartete täglich auf Nachrichten von der Front (oder von anderen, die ihrerseits von Verwandten und Bekannten berichteten). Dann die vielen Verwundeten; wir Klavierschüler mußten im Lazarett spielen, wir Anfänger.

Dazu zunehmend die Luftangriffe, Alarme, ich war zur Brandwache in der Schule eingeteilt, mußte mich, sobald die Sirene heulte, sofort mit ganz schwacher Beleuchtung aufs Fahrrad schwingen. Jeder hatte ein Köfferchen mit wichtigen Utensilien. Den nahmen die Eltern mit in den Keller. Man war ständig irgendwo im Einsatz, wir mußten zum Beispiel Dächer neu decken, die durch Luftangriff zerstört waren. Man wurde angehalten, Altmaterial zu sammeln (»Lumpen, Knochen, Eisen und Papier, ausgeschlagne Zähne sammeln wir – für Hermann [Göring]« sang man als neuen Refrain eines alten Liedes).

Dann kam das Kriegsende …

Ja, der totale Zusammenbruch, den man heute gern »Befreiung« nennt.

Das müssen Sie mir erklären. War's das nicht?

Im Endeffekt schon. Aber zunächst keineswegs, auch im Westen nicht, von der Sowjetzone oder gar von den Gebieten, die die Deutschen unter zum Teil widerlichsten Umständen zu räumen hatten, zu schweigen. Ich meine: So wie der Krieg ein deutscher war, so war es auch die Niederlage.

Der 8. Mai ist zunächst und auf längere Zeit nur in der DDR als Befreiungstag gefeiert worden. Im Westen war er eher der der Niederlage und des Zusammenbruchs. Vielleicht darf ich dazu noch eine Erinnerung einfügen. Auf einer Tagung der Historischen Kommission der SPD Anfang März 1985 in Bad Godesberg berichtete jemand – ich glaube es war Peter Glotz – davon, daß sie in irgendeinem Führungsgremium über den bevorstehenden 40. Jahrestag des Kriegsendes diskutiert hätten. Und es war zunächst einmal offenbar von der Niederlage gesprochen worden. Jedenfalls hatte – und darum ging es – Willy Brandt erklärt: Für mich war es keine Niederlage, und ich bin auch Deutscher. So also in der SPD noch nach 40 Jahren! Richard von Weizsäcker hat bekanntlich dann vom 8. Mai als Tag der Befreiung gesprochen. Das fand ich mutig, wie überhaupt die ganze Rede, aber einfach nur von Befreiung zu sprechen, habe ich immer für falsch gehalten.

1995 bin ich vor dem 8. Mai von Rita Süssmuth zu Rate gezogen worden und habe dafür plädiert, Zusammenbruch *und* Befreiung zu sagen. Sonst verkürzt man die Sache um eine ganz wesentliche Dimension, zumal wenn man sich dann anguckt, wie unsere Politiker diesen Tag wie die begossenen Pudel feiern.

Um es noch einmal deutlich zu sagen: Wer im NS-Regime bedroht oder verfolgt war, war zweifellos befreit. Wer das Regime nur abgelehnt hatte, konnte froh sein, daß es damit vorbei war. Und das waren viele ja auch, mein Vater etwa, und ich glaube, es auch gewesen zu sein. Außerdem war der Krieg zu Ende, und das hatte etwas Erlösendes. Aber wir waren andererseits doch auch besiegt. Wir waren besetzt. Wir konnten uns auch von den westlichen Besatzungsmächten zunächst einmal beengt, ja unterdrückt fühlen und zumindest gegen sie aufbegehren. Ich erinnere mich, daß sich etwa 1947 in einer Art Mundpropaganda herumsprach, es sei eine Demonstration vor dem Hamburger Rathaus geplant. Da bin ich hingegangen. Ich weiß nicht mehr, worum es genau ging, aber einen der Sprechchöre habe ich noch im Ohr: »Wir sind keine Inder!«

Natürlich nicht, Sie waren ja Deutsche. Aber was hat das damals für Sie bedeutet, deutsch zu sein?

Ich war mit einem für damalige Zeiten nicht nur in Deutschland ganz normalen Gefühl aufgewachsen, nämlich einem gewissen Stolz darauf, meiner Nation anzugehören. Das schloß nicht aus, daß man mit den politischen Zuständen unzufrieden war oder ihnen sogar höchst skeptisch begegnete. Aber es gab immer noch, was mein Umfeld betraf, eine bürgerliche deutsche Gesellschaft mit guter Sprache, guter Kultur, in der man sich gut bewegen konnte, und das beinhaltete mit der Zeit, als ich älter wurde, der Krieg ausbrach, daß wir uns in irgendeinem Sinne auch als Deutsche zu behaupten hatten. Daß die Alliierten im Endeffekt uns auf einen guten Weg verholfen haben und plötzlich auch sehr großzügig waren, als man die Reihen gegen den Osten schloß, steht auf einem anderen Blatt.

Ich glaube, es gibt keine Zeit in der ganzen Weltgeschichte, in der zeitgenössische und nachträgliche Wahrnehmung so total auseinanderklaffen. Von heute her gesehen, ist dies alles voller Verbrechen. Von damals her gesehen, sind die Verbrechen zum guten Teil unbekannt, zum Teil wurden sie langsam bekannt, zum Teil wurden sie mindestens geahnt, und einiges hat man auf jeden Fall auch gesehen – wie die Nazis mit den Juden im eigenen Lande umgingen. Aber das hat nicht unmittelbar im Zentrum der Aufmerksamkeit und des Urteils gestanden, da standen ganz andere Dinge.

Ja, diese Kluft muß man sich sehr deutlich machen. Trotzdem scheint mir, was Sie soeben ausführten, hätte für jede europäische Nation gelten können, die sich in einem Krieg befand. Aber zielt der Sprechchor »Wir sind keine Inder« nicht noch in eine andere Richtung? Anders formuliert: Inwiefern empfand man auch die deutsche Ehre verletzt?

Das Wort »Stolz« ist inzwischen außer Gebrauch gekommen und in Verbindung mit dem Nationalen geradezu zu einem Unwort herabgestuft. Damals gab es einen gewissen Nationalstolz, den man natürlich zu Hochmut oder gar Dünkel steigern konnte. Aber das will ich nicht weiter ausführen. Sie haben recht: Die Ehre war betroffen. Als Kolonialvolk wollte man sich nicht sehen. Übrigens hat sich die Kundgebung friedlich aufgelöst. Die Besatzungsmacht hat nicht eingegriffen. Das sollte man vielleicht zu Ehren der Engländer sagen.

Wie haben Sie den 8. Mai 1945 erlebt?

Ich weiß es nicht mehr. Deutlich in meiner Erinnerung ist noch der Abend, an dem Hitlers Tod im Rundfunk bekanntgegeben wurde. Wie so oft schon während des Krieges wurde zunächst eine Sondermeldung angekündigt. Dann spielte man etwas aus der *Götterdämmerung*, so daß mein Vater sagte, nun ist er tot. Das war er dann ja auch, endlich. Dann weiß ich noch, wie die letzten deutschen Truppen aus Hamburg abzogen. Wir waren im Norden der Stadt untergekommen, dicht an einer Landstraße. Dann nahm mein Vater seine zwei Söhne und sagte, das müßten wir unbedingt ansehen. So bald werdet ihr keine deutschen Soldaten wieder zu sehen bekommen. Wenn ich an diese Tage zurückdenke, scheint mir, ich war wie betäubt, mußte mich erstmal neu zurechtfinden. Irgendwie gabelten sich die Wege: Man hatte von Tag zu Tag praktisch viel zu tun. Das klappte auch irgendwie. Aber daneben war man zunächst einmal nicht unbedingt unglücklich, aber rat- und orientierungslos.

Das müssen Sie mir genauer erklären. Warum sprechen Sie vom Zusammenbruch? Wenn man etwas als Zusammenbruch erlebt, dann muß man ja wohl auch einiges gut und richtig an dem, was da zusammenbrach, empfunden haben.

Ja, weil es nicht nur das NS-Regime war, sondern das ganze Land, das zum großen Teil buchstäblich in Trümmern lag. Die ganze Verwaltung funktionierte nicht mehr, große Teile des Personals wurden zunächst suspendiert oder gar an die Luft gesetzt. Insofern gab es zunächst keineswegs eine Kontinuität, sondern für viele eine Unterbrechung (was ihnen, nebenbei gesagt, gut getan hat, während man 1918 ja sofort mit dem alten Personal weitergearbeitet hat). Erst später kamen die vielen alten Nazis wieder in gute Stellungen. Kurz, es geriet alles durcheinander – oder brach zusammen. Nicht nur mein Vater, sondern auch meine Mutter hat angesichts der drohenden Russen zeitweilig den Lebensmut verloren.

Man konnte zutiefst verunsichert sein. Und das habe ich deutlich an mir selbst empfunden. Wenn man in eine Gesellschaft hineinwächst, sucht man allmählich den Boden unter den Füßen zu ertasten und zu spüren, um sich dann darauf zu bewegen. Und der war in diesem Fall völlig brüchig. Oder versumpft. Und was nun werden sollte, war alles andere als klar. Gewiß, eine ganze Reihe von Leuten begann, im Westen wie im Osten, mit dem Wiederaufbau. Höchst verdienstvoll. Im Westen zumeist mit Blick auf ein korrigiertes Weimar. Das war ja auch die Zeit, in der viele von denen, die das betrieben, gewurzelt hatten. Aber nicht jeder war darin eingespannt, konnte sich darin einknüpfen. Und vor allem: Damit war ja vieles zunächst offen. Was sollte denn werden? Man fragte sich aber auch, was gewesen war. Was war es nun mit der deutschen Geschichte, die man, ich jedenfalls, als die eigene betrachten gelernt hatte? Wo jetzt eine Linie von Luther über Friedrich den Großen und Bismarck zu Hitler laufen sollte. Irgendwie beschäftigte mich auch der »Sinn« der deutschen Geschichte, jung wie ich damals war. Und was war mit der bürgerlichen Gesellschaft, in der man aufgewachsen war? Was mit den Autoritäten der Lehrer? Der Eltern auch? Wohl war nicht unbedingt dementiert, was man bei den Eltern und den guten Lehrern gelernt hatte. Aber der Zusammenhang, in dem das alles – auch abgesehen vom NS-Regime – gestanden hatte, war zerbrochen. Man hatte es mit den Scherben zu tun, wenn man sich an etwas halten wollte. Und zu alldem kam dann für mich, in der Ostzone, die langsame Durchdringung der verschiedensten Lebensbereiche durch die SED. Setzte dann unter anderm der Kampf um die Universität ein. Da freilich wurde es in gewisser Hinsicht wieder leichter.

Ich will Ihnen noch eine Affäre beschreiben. Die SED hatte 1949 für viele Fächer noch keine marxistischen Professoren; die mußten ja erst heranwachsen. Daher wollte man zu jeder Lehrveranstaltung obligatorisch eine FDJ-Studiengruppe einrichten. Unter Anleitung älterer Semester sollte der Stoff gleichsam nachgekaut und vor allem auf Linie gebracht werden. Wir …

Wer ist wir?

Eine ganze Reihe oppositioneller Studenten, man kannte sich an der kleinen Rostocker Universität ganz gut, redete auch viel miteinander, also: Wir fanden das empörend. Auch beleidigend für die Professoren. Es widersprach unserer Vorstellung von einer freien Universität. Ich weiß nicht, warum, aber man stellte den Plan ungewöhnlicher-

weise der Philosophischen Fakultät in der Aula zur Diskussion. Damals war es noch üblich, Zustimmung, wenn
nicht durch Klopfen auf dem Tisch, durch Trampeln zu
signalisieren, bei Ablehnung wurde gescharrt. Ich hatte
bemerkt, daß, wer auf dem Balkon im hinteren Teil der
Aula saß, beim Trampeln großen Lärm verursachen
konnte, denn der Balkon ruhte auf Holz. Also stellte ich
mich an den Eingang und dirigierte viele Freunde nach
oben mit dem Hinweis, daß sie gegebenenfalls ordentlich
trampeln sollten. Unten wurde gut argumentiert, oben
mächtige Zustimmung bekundet. Die Abstimmung er-
brachte etwa 200 Stimmen gegen den Vorschlag, 14 dafür.
Aber zuvor noch hatten sich Professoren zu Wort gemeldet, hatten erklärt: »Aber bedenken Sie, das ist doch
schön, daß sich die jungen Leute so für unsere Lehrveranstaltungen interessieren ...« Mir ist damals der Respekt
vor deutschen Professoren abhanden gekommen. Und er
hat sich nie regeneriert. Obwohl es Ausnahmen gibt. Ich
weiß nicht, ob ich andere Formen, etwa die Artikel, die
wir auf Wandbrettern schrieben, erwähnen soll. Im Endeffekt war das alles für die Katz und hat viel gekostet; es
gab Todesurteile, die auch vollstreckt wurden (wie man
zum Teil erst nach 1989 erfuhr). Oder Arbeitslager in der
Sowjetunion, bis Adenauer die Betroffenen 1955 zusammen mit den letzten Kriegsgefangenen auslöste. Das wäre
mir wohl auch passiert, wenn ich den Polizisten nicht, als
sie mich verhaften wollten, entwischt wäre.

**Und durch diese Erfahrung haben Sie am eigenen Leibe erfahren,
wie eng begrenzt die Möglichkeiten menschlichen Handelns sind
beziehungsweise sein können? Meinten Sie das, als Sie in der Abschiedsvorlesung von Ihrem erwachenden Interesse an diesen Fragen sprachen?**

Ja, im Nachvollzug nicht nur dieser, sondern vieler Situationen wurde mir klar, wie eng der Kreis der Möglichkeiten immer wieder ist. Vielleicht habe ich mich mit meinen Wünschen nachträglich zu sehr in das Geschehen eingemischt. Zum anderen waren es aber auch die beiden Regime und der im tatsächlichen Ablauf immer wieder scheiternde dringende Wunsch, daß man ihnen hätte widerstehen können. Die Geschichte der Attentäter vom 20. Juli hat mich immer sehr beschäftigt. Ich muß einen besonderen Sinn eben für Möglichkeiten und Grenzen dabei ausgebildet haben. Ich konnte dann auch von den je unterschiedlichen, bis ins Anthropologische hineinreichenden Besonderheiten der verschiedenen Gesellschaften nie so recht absehen.

Jetzt möchte ich Ihnen eine Vermutung in den Mund legen: Man könnte sich fragen, ob sich nicht auch in Ihrem Tel Aviver Vortrag über Verurteilen und Verstehen Erfahrungen aus der NS-Zeit niedergeschlagen haben?

Primär ging es mir um Gerechtigkeit. Aber die eigene Erfahrung war natürlich Voraussetzung dafür.

Eine letzte Frage: Was glauben Sie? Konnte man alles in allem in dieser Zeit »ein anständiger Deutscher« sein?

Im engeren Bereich gewiß. Aber der war ja nach allen Seiten offen zu dem, was im Ganzen geschah. Als Kollektiv haben wir uns zumindest der unterlassenen Hilfeleistung schuldig gemacht. Die Umstände totalitärer Herrschaft sind grauenhaft, zum Beispiel das Phänomen der Mitwisserschaft bei gleichzeitiger Ohnmacht.

Immerhin: Um Hannah Arendt zu zitieren: »Aber zwischen dem Mann, der's sieht und weggeht, und dem Mann, der's tut, liegt doch ein Abgrund.«

Historische Wissenschaft von der Dissertation bis heute: Aufbruch der »Flakhelfer-Generation«. Die 68er. Die Verantwortung des Historikers.

Ihre Basler Antrittsvorlesung von 1968 trägt den Titel »Die Wissenschaft des Historikers und die Verantwortung des Zeitgenossen«. Haben Sie da die Konsequenz aus Ihren Überlegungen in Rostock 1948 bis '50 gezogen?

Ich glaube nicht. Die Gedanken, die ich dort vortrug, waren mir damals erst gekommen.

Aber mit der Parole der Verantwortung könnten Sie doch an Ihre ursprünglichen Absichten angeschlossen haben?

Vielleicht. Doch hatte ich mich in der Zwischenzeit sehr stark in mein Studium, in Dissertation und Habilitation vertieft.

Und was haben Sie nebenbei gemacht?

Ich habe natürlich viel gelesen, angefangen von der Zeitung, die ich seit 1953 abonniert hatte und geradezu studiert habe. Es gab dort eine ganze Menge von Dingen, von denen ich nichts wußte und die ich zuallererst lernen mußte.

Welche Zeitung war das?

Die *FAZ*. Ich bin ihr übrigens treu geblieben und habe nie eine Zeitung gehabt, die an einem der verschiedenen Orte, an denen ich gelebt habe, erschien.

Aber das war doch sicher nicht Ihre einzige Lektüre?

Ich habe damals den ganzen Thomas Mann gelesen. Eine Tante von mir hat mir die Ost-Berliner Ausgabe seiner Werke geschenkt. Musil, Hofmannsthal, später Karl Kraus und viele andere müßte ich hinzufügen. Ich bin viel und mit Begeisterung im Düsseldorfer »Kom(m)öd-chen« gewesen, gerne ins Theater gegangen, Thomas Wolfes *Herrenhaus* mit Gründgens und Becketts *Warten auf Godot* im Heidelberger Zimmertheater sind mir noch besonders gut in Erinnerung. Man war dankbar für vie-les, was plötzlich nach der NS-Zeit wieder ins Land kam, die fünfziger Jahre waren für mich eine aufregende Zeit.

Aber wie paßt das zu dem Mief, der Spießigkeit, die der Adenauer-Zeit immer wieder attestiert werden? Und zu dem krampfhaften Schweigen, das man über so vieles gebreitet hat? Die alten Nazis, die überall wieder saßen?

Ach, wissen Sie, da muß man differenzieren. Die alten Na-zis waren keineswegs unbedingt spießig. Viele hatten auch ihre Lektion gelernt, schließlich haben viele von ihnen am Aufbau der Demokratie ihren guten Teil gehabt. Da war einiges im Gedächtnis gleichsam stillgelegt, damit und so daß zunächst anderes in Bewegung gebracht werden konnte. Was geschehen war, war so ungeheuerlich, daß man kaum daran denken konnte. Wohl ließen sich die Ver-brechen nicht verschweigen, aufs Ganze gesehen, auch wenn viele weghören und andere an ihrem Ausmaß deu-teln mochten, und zwar erheblich. Aber das geschah gleichsam pauschal, in gewissem Sinne zur Verdeckung der Anteile, die dieser und jener daran gehabt hatte. Denn davon wollte man in der Regel nichts hören. Wer es zu wissen meinte, konnte kaum mehr als munkeln. Man hatte die Zeit selbst erlebt, sich selbst und andere in ihr. Hatte seine Wunden abbekommen, hatte sich ducken müssen, auch mal mit den Wölfen geheult, hatte andere sich winden, auf irgendeine Weise aber dann auch wieder sich bewähren, sich von Schlimmem fernhalten gesehen. Von den widerlichen Nazis einmal abgesehen. Das war ja nicht, wie es uns am Grünen Tisch und aus der Tugendhaftigkeit und Unberührbarkeit der Nachfahren erscheint. Kurz, so etepetete wie man sich heute in Hinsicht auf die NS-Vergangenheit gerne hat, so sehr vom hohen Roß der theoretischen Unschuld herab ließ sich damals nicht urteilen.

Wenn die Ansprüche, die man jetzt an die damalige Zeit, etwa an Theodor Eschenburg, nachträglich richtet, heute verwirklicht wären, müßte Deutschland eine wahre Tugendhölle sein, und wir könnten uns vor lauter Zivilcourage gar nicht mehr lassen. Wobei ich anfügen möchte: Etwas mehr Zivilcourage würde heute nicht schaden. Damals ist, vermute ich, trotz allem unsagbar fürchterlichem Versagen mehr davon geleistet worden als heute, und zwar unter Lebensgefahr. Doch das nur nebenbei.

Es mußte erst mal Gras über die vielen Wunden wachsen. Es mußte auch erst mal einige Sicherheit wieder entstehen, das konnte gar nicht anders sein, aufs Ganze gesehen jedenfalls. Andererseits haben Sie recht: Mit dem Schweigen waren Denklähmungen verknüpft, Unsicherheiten, und überhaupt war damals vieles noch sehr brav. »Keine Experimente« war nicht ohne Grund ein erfolgreicher Wahlslogan Adenauers. Und ich selbst empfand die bundesrepublikanische Gesellschaft als besonders spießig und satt, nachdem ich die lebhaften Kämpfe in der DDR gewohnt gewesen war. Aber sei's drum! Das Jahrzehnt hatte verschiedene Seiten, und ich habe gerade die positiven genossen, übrigens auch das Reisen, 1951 die erste Exkursion nach Paestum, 1952 die erste Studentenfahrt nach Griechenland und in die Türkei etwa. Eine herrliche Erfahrung der Bewegungsfreiheit!

Aber sehen Sie …

… zudem, wenn Sie mir das noch erlauben, war die Zeit interessant. 17. Juni '53, der Aufstand in der DDR, '56 der in Ungarn – beide konnten einem sehr nahegehen, '56 haben wir Telegramme in die Welt geschickt, an Sukarno etwa, den Staatschef von Indonesien, einen der Wortführer der Dritten Welt, der kurz zuvor in Heidelberg einen Vortrag gehalten hatte, der viel bejubelt worden war. Dann waren da die heftigen Debatten um Wiederaufrüstung und Nato-Beitritt. Man verfolgte die Bundestagsdebatten gespannt am Radio, überall dröhnte es gelegentlich aus den Fenstern. Für mich war sehr eindrucksvoll ein Abend im Hause des Heidelberger Chemikers Freudenberg; sein Bruder war im Bundestag als parteiloser Abgeordneter – das gab es damals noch –, ich glaube, er war aber wohl der einzige; er wollte die Meinungen von Professoren und Studenten hören. Adenauers Angebot von zwölf Divisionen hielt er für grundfalsch: »Gehe nicht zum Fürscht, wenn Du nicht gerufen würscht«, zitierte er eine alte liberale Maxime. Es ging hoch her, Willy Hellpach war da, der 1925 gegen Hindenburg bei der Reichspräsidentenwahl angetreten war, ich glaube auch Alfred Weber, Mini-Max genannt, nämlich Weber minus Max, verschiedentlich hatte ich auch über die DDR in irgendwelchen Kreisen zu diskutieren, zusammen mit dem aus Potsdam gekommenen Astronomen Hans Kienle.

Was bedeutet das, über die DDR zu diskutieren?

Man fühlte sich den sogenannten Brüdern und Schwestern im Osten noch sehr verbunden, wollte wissen, wie es dort zuging, wie man sich das Leben vorzustellen hatte und worauf die Dinge hinausliefen.

Zudem wurde allmählich doch dies und das über die NS-Zeit veröffentlicht. So gut wie nichts über den Holocaust, aber viel über Ereignisse, Strukturen, Zusammenhänge, auch über den 20. Juli. Große Wellen schlug Gerhard Ritters Buch über Militarismus [*Staatskunst und Kriegshandwerk. Das Problem des »Militarismus« in Deutschland*], manche fanden es verharmlosend, zumindest diese Seite von NS-Regime und Krieg kam damals durchaus auf die Tagesordnung. Sie sehen, völlig abgeschirmt gegen die Gegenwart habe ich nicht gelebt.

Aber in erster Linie waren Sie wohl Wissenschaftler? Inwiefern tat sich da für Sie eine fruchtbare Spannung auf? Ich habe gelesen, die Wahl Ihres Dissertationsthemas »Untergang der römischen Republik« habe mit dem Untergang der Weimarer Republik zu tun gehabt.

Insoweit kam der Anstoß aus der Gegenwart. Daß ich mich anläßlich eines großen Referats in die späte Republik eingearbeitet hatte, ist hinzugekommen. Aber inwiefern die untergegangene deutsche Republik meine Arbeit im einzelnen bestimmt hat, ist kaum zu sagen. Allenfalls kam von daher die Vermutung, daß ich bei den Parteiungen anzusetzen hätte. Denn sobald ich etwas tiefer in die Materie eindrang, erwies sich die römische Republik als so eigentümlich, so anders, daß sie in ihren einzelnen Zügen kaum von Weimar her zu erschließen war. Die ganze Sache war auch alles andere als leicht. Ich bin zunächst deswegen auch gescheitert. Die terminologischen Untersuchungen führten zu nichts, ich verlor mich in Wortgeschichten. Mein Doktorvater fand, ich solle die Wissenschaft aufgeben. Ich muß hinzufügen, daß er mir das nicht persönlich sagte, sondern es mir sagen ließ.

Wie bitte?

Ja, so war das. Ich habe mich auch später über feige Professoren, die einem so etwas nicht ins Gesicht zu sagen sich trauten, besonders geärgert. Ich hab's Hans Schaefer aber nicht nachgetragen, zu sehr hatte er mich fasziniert, zu viel habe ich ihm verdankt.

Was zum Beispiel?

Den wissenschaftlichen Impetus. Die Herausforderung durch viele Fragen, überhaupt wohl die Kunst der Fragestellung. Das Bewußtsein von der Besonderheit, der Fremdheit der Griechen und Römer. Vielleicht ist auch etwas von seinem wachen Gespür dafür auf mich übergegangen, wie existenziell man dem Politischen ausgesetzt ist; darin ähnelte er Carl Schmitt.

Und wie haben Sie auf diese Kapitulationsaufforderung reagiert?

Ich habe mich mit meinen Mitdoktoranden beraten, Machiavelli und Guicciardini gelesen und bin darauf gekommen, einfach ein Stück politischen Ablaufs zu untersuchen. Das wurde schließlich in Gnaden angenommen, und ich sollte weitermachen. Womit sich mir die alte Thematik neu stellte, denn was ich angefangen hatte, wollte ich auch zu Ende bringen.

Wie haben Sie sich gefühlt, als plötzlich das Vorhaben zu scheitern drohte, die vielleicht geplante oder erhoffte Karriere durch einen solchen Rat Ihres Professors in Gefahr geriet?

Schlecht. Damals hatte ich gerade geheiratet, das war '54, und insofern war ich auch besonders empfindlich. Auf der anderen Seite sah ich nicht ein, daß ich's aufgeben sollte. Ich habe nie die Absicht gehabt, diesen professoralen Rat zu befolgen, aber ich hatte natürlich große Schwierigkeiten, mir dann meinen Weg neu zu bahnen.

Was heißt »in Gnaden angenommen«?

Schaefer fand die Arbeit gut.

Aber dann muß er davor doch mit Ihnen kommuniziert haben?

Ich kann nicht mehr sagen, wie es im einzelnen war; Schaefer wird sich irgendwann wohl bei mir erkundigt haben, was ich machte. Ende Juli '56 war ich dann jedenfalls fertig, das Rigorosum war am 20. Juli.

Haben Sie da an Stauffenberg gedacht?

Natürlich! Und dann habe ich meine sieben Exemplare abgegeben und bin zur Straßenbahn gegangen.

Wirklich?

Ja, ja, ich war sogar schon eingekleidet, als Hilfsschaffner, Meier 9. Bevor ich jedoch den Dienst antrat, hat Schaefer sich erkundigt, ob ich eine Frage hätte. Aber ich hatte keine. Mir war nicht bewußt, daß er um eine Stelle angebettelt werden wollte; und wenn es mir bewußt gewesen wäre, weiß ich nicht, ob ich das getan hätte. Dann wurde mir bedeutet, er erwarte, daß ich ihn aufsuchte. Schließlich kam heraus, daß er ein Angebot hatte. Das war dann ein Stipendium des Landes Baden-Württemberg und eine Hilfsassistenz zur Überbrückung mit Aussicht auf eine Assistentenstelle. So war ich verlockt, den eingeschlagenen universitären Weg weiter zu beschreiten, der zwischendurch durchaus hätte abgebrochen werden können. Ich habe um Bedenkzeit gebeten, danach zugesagt.

Wie sicher fühlten Sie sich da Ihrer eigenen Fähigkeiten?

Wahrscheinlich habe ich die für gegeben gehalten. Entscheidend war, daß meine Frau, die ihrerseits an ihrer Dissertation saß, unbedingt zu mir stand. Wir waren zwar finanziell zunächst sehr schlecht gestellt, ich mußte bisweilen einen Kollegen, der keine Kinder hatte, bis zum Monatsende anpumpen. Dennoch war ich mir irgendwie sicher, fühlte mich nicht bedroht, habe mir eher gedacht, dann gehe ich halt zur Presse beziehungsweise vorerst mal zur Straßenbahn. Ich war ja auf eine wissenschaftliche Laufbahn gar nicht festgelegt, hatte zunächst nur den Doktor machen wollen. Insofern habe ich ziemlich vertrauensvoll in die Zukunft geguckt.

Große Selbstzweifel sind Ihnen also nicht erwachsen, auch nicht aus der Tatsache, daß Sie an Ihrem Thema scheiterten? Haben Sie das Scheitern vielleicht mehr aufs Thema als auf sich persönlich bezogen?

Das Thema war natürlich ein Wahnsinn. So etwas hätte ich niemals als Doktorarbeit zugelassen. Aber ich nehme Schaefer das nicht übel. Es reizte ihn, und mich hat es auch gereizt. Natürlich war er der Professor und hätte mich bremsen müssen, nicht ich ihn, aber schließlich ist es mit dem Buch, das dann *Res Publica Amissa* hieß, ja gutgegangen.

Aber Sie konnten ja nicht in die Zukunft blicken. Verfügten Sie also über ein starkes Selbstvertrauen?

Ich weiß nicht, ob Selbstvertrauen das richtige Wort dafür ist. Ich würde eher einen Willen am Werke sehen. Wenn ich schon mal bei der Wissenschaft bleiben soll, so will ich das fertigkriegen! Sicherlich, Selbstvertrauen gehört dazu, aber man kann sich auch ohne viel Selbstvertrauen einfach mal durchsetzen wollen.

Also eher Ehrgeiz?

Vielleicht. Jedenfalls wollte ich – verflixt noch mal! – dieses Thema bezwingen.

Daß Sie da aber ein so starker Wille antrieb, läßt sich doch nur erklären, wenn im Innersten irgend etwas diesem Willen auch Halt beziehungsweise Nahrung gab, irgendein Vertrauen, daß man das eben kann und den Schwierigkeiten gewachsen ist. Da mag ich mal vorläufig an einem Thema scheitern oder die Frage falsch gestellt haben, aber im Prinzip bin ich mir sicher: Ich kann das! Wenn ich will, werde ich das schaffen!

Wäre ja auch gelacht! *(haut auf den Tisch).* Ja, so etwa muß es gewesen sein. Ich war in dieser Hinsicht vermutlich sicher und habe nicht an mir gezweifelt. Ich habe keinerlei Erinnerung daran, daß die Sache mir zu schwierig erschienen wäre. Ich habe sie mir allerdings wohl leichter vorgestellt, als sie dann war.

Das ist ja ungewöhnlich, jedenfalls eine besondere Eigenart, so eine innere Stärke. Die meisten neigen eher dazu, in solcher Situation den Mut zu verlieren und stark zu zweifeln.

Vielleicht haben Sie recht.

Worauf führen Sie dieses Selbstvertrauen zurück?

Sagen wir lieber Zuversicht. Sie könnte im Elternhaus grundgelegt worden sein. Und zwar eher durch meine Mutter als durch meinen Vater. In der Schule ist mir das

Lernen leichtgefallen, da hatte ich wenig Gelegenheit zum Scheitern, außer im Sport. Den Aufschwung am Reck habe ich nie geschafft, aber das hat mich auch nie gestört; ich hatte ja anderes. Bei einem gemeinsamen Ausflug mit Klassenkameraden kam ich zudem schneller durchs Fenster in die hoffnungslos überfüllte Eisenbahn als einige der besseren Sportler. Daß man irgendwo scheiterte, war anscheinend im Plan gar nicht vorgesehen.

Hat es in Ihrem Leben jemals einen derartigen Bruch gegeben, daß Sie sagten oder besser: sagen mußten: »Jetzt lag ich aber wirklich falsch!« Das heißt ein einschneidendes Erlebnis, durch das Ihr gesamtes Selbstbild ins Wanken geriet?

Erstens hatte ich kein sehr genaues Selbstbild, weil ich gar nicht viel über mich nachgedacht habe. Es gab einzelne Vorkommnisse, gewiß, aber daß ich bei der Gelegenheit gesagt hätte, ich sei auf einem ganz falschen Weg und müsse neu anfangen, das ist eigentlich nie passiert, zumal sich mir diese Wege ja immer gebahnt haben (nur innerhalb der einzelnen Arbeiten – da fand ich mich immer wieder auf dem falschen Weg, aber das war ich bald gewohnt, ja, es schien mir verdächtig, wenn der eingeschlagene Weg direkt zum Ziel führte, *lacht*).

Hinzu kam, daß die Erarbeitung von *Res Publica Amissa* zwar eine Riesendurststrecke war, aber in dem Moment, wo sie fertig war, wurde ich an verschiedenen Stellen begehrt und habe dann gleichsam viele Blumen gepflückt, die am Wege wuchsen.

Sogar im Fach ging es anfangs sehr gut. Friedrich Vittinghoff empfahl mich in Erlangen, als er nach Köln ging, dann wurde in Köln eine Parallelprofessur frei, auf die ich berufen wurde. Jochen Bleicken, mit dem ich gut konnte, setzte sich in Hamburg für mich ein, und in Basel war ich dann so angesehen, daß ich 1973 wieder zurück konnte. Inzwischen wurde ich bei Poetik und Hermeneutik und Theorie der Geschichte engagiert, vorher schon bei Kosellecks Begriffslexikon [*Geschichtliche Grundbegriffe. Historisches Lexikon zur politisch-sozialen Sprache in Deutschland*]. Ich war also an verschiedenen Stellen auch unabhängig von der Alten Geschichte gut positioniert. Zudem bekam man mit jedem Ruf, den man erhielt, mehr Geld, und so war ich eigentlich ziemlich jung ziemlich gut gestellt.

Sehen Sie irgendeinen Zusammenhang zwischen dieser inneren Stärke oder Ruhe und Ihrem späteren großen Erfolg? Können Sie da eine Kontinuitätslinie ziehen? Wie viel des späteren Erfolgs sehen Sie in gewissen persönlichen Eigenheiten angelegt?

Wenn Sie so fragen, komme ich mir ja fast wie ein Kraftbolzen vor. Aber vielleicht waren wir damals auch noch anders strukturiert als Sie in Ihrer Generation.

Was meinen Sie damit?

Vielleicht haben wir uns mehr abverlangt, mit Selbstverständlichkeit, waren weniger zimperlich. Ich würde auch nicht so sehr auf Eigenheiten rekurrieren. Vieles hat sich einfach im Laufe der Zeit ergeben. Aber vielleicht sollte ich eines doch erwähnen: Ich hatte in meiner Familie, bei meiner Frau, dann den bald drei Kindern, quasi eine Festung, in die ich mich immer zurückziehen konnte, die mich unabhängig machte von manchen Lobsprüchen, auf die ich sonst vielleicht hätte aus sein müssen. Das hat auch meine Konzessionsbereitschaft bei irgendwelchen unangenehmen Dingen, die möglicherweise meine Karriere hätten fördern können, stark dezimiert.

Es war mir möglich, fast ganz und gar, mit einigen positiven Anregungen, die ich aus den erwähnten interdisziplinären Arbeitsgruppen erfuhr, unangefochten das zu tun, was ich für richtig hielt, wie eigentlich immer, ohne viele Rücksichten. Das war damit verbunden, daß ich keinen besonderen Ehrgeiz in der Universitätsverwaltung entwickelt habe, ich bin nie Dekan gewesen, ein einziges Mal hat man mich danach gefragt, aber da hatte ich einen Grund, das abzulehnen. Fast nie bin ich in Berufungskommissionen gewählt worden, sondern wurde außen vor gelassen. Hätte ich ein Bedürfnis nach Macht in der Universität gehabt, wäre ich vermutlich zutiefst beleidigt gewesen und hätte mich dann wahrscheinlich doch angestrengt und angepaßt. Aber ich war ja nur froh, daß ich meine Ruhe hatte.

Das ist für meine Laufbahn ganz wichtig. Ich habe diese innere Unabhängigkeit im Nachwort von *Kultur um der Freiheit willen* deutlich gemacht. Sie hat es mir ermöglicht, diesen nicht leichten Weg, der ja mit vielen gedanklichen Schwierigkeiten verbunden war, zu gehen, einfach meinem Erkenntnisdrang folgend und dem mich hingebend, was ich für wichtig, richtig und für notwendig hielt. Es war mein Weg.

Das hat mich auch dazu gebracht, Zeitungsartikel zu schreiben, was ja nicht unbedingt das Ansehen im Fach fördert. Erst am Ende des Jahrhunderts, als ich gegen die Rechtschreibreform kämpfte, da haben meine älteren Fachgenossen, weil sie ja fast alle sehr konservativ sind, gefunden, jetzt endlich macht er mal was Gescheites. Obwohl doch die ganze Geschichte vom Historikerstreit etwa viel wichtiger war, aber das war eben doch verdächtig. Ich sage gern dazu, daß ich selbst von Natur her ziemlich konservativ bin, aber nie einem stupiden Konservativismus gehuldigt habe.

Thomas Mann hat bei einem runden Geburtstag Katias sinngemäß bemerkt: »Wer meiner und meines Werkes gedenkt, muß ihrer gedenken.«

Das ist ein sehr schönes Kompliment.

Etwas Ähnliches, dachte ich, könnte vielleicht auch …

Ja, das müßte ich auch über meine Frau sagen! Sie hat mir übrigens auch einen wichtigen Anstoß für die Arbeit gegeben. Sie hat Helmut Berve nach einem Vortrag über das delphische Orakel gefragt, ob man eigentlich sagen könne, wie es zu den Griechen kam. Worauf er verneinte, das könne man nicht sagen. Und das war dann wieder so ein Punkt, an dem ich gesagt habe, das wollen wir doch mal sehen! *(haut auf den Tisch)*. Diese Frage, 1963 gestellt, hat jahrzehntelang in mir rumort, und erst mit der *Kultur um der Freiheit willen* habe ich es nach meinem Empfinden geschafft, sie soweit möglich zu beantworten, 2009.

Das ist sicherlich der eine Punkt, ein sehr fruchtbarer offenbar, aber ich hatte mehr die Stabilität gemeint, die Sie Ihrer Frau verdanken … Sie sind ja, glaube ich, sehr lange zusammen, so daß die Stabilität sehr früh einsetzen konnte, oder? Sie haben mit 25 Jahren geheiratet. Wann haben Sie sich kennengelernt?

1951, mit 22 Jahren. Jetzt verstehe ich auch, worauf Sie hinauswollen. Nein, mit zermürbenden Liebesaffären, Scheidungsgelüsten, unehelichen Kindern kann ich nicht aufwarten.

Nicht? Schade. Also zurück zu Ihren wissenschaftlichen Früchten: *Res Publica Amissa*. Wie sind Sie schließlich damit fertiggeworden?

Nach unendlichen Mühen, vielen Umwegen, von denen einige sich dann auch noch als Holzwege entpuppten, vielleicht hätte ich Tagebuch führen sollen, von einer Frustration zur anderen. Bis mir schließlich klar wurde, daß das eigentliche Rätsel nicht darin lag, daß die Republik unterging, sondern darin, daß sie sich trotz schwerer Krisen so lange gehalten hat. Ich mußte also eine Strukturanalyse unternehmen und dann auch noch fragen, wie denn innerhalb dieser Struktur der Prozeß des Niedergangs der Republik vorangetrieben wurde. Einiges mußte ich klären, was die frühe Republik anging, denn vieles hing ja davon ab, daß die eigenartigen Formen römischen Adelsregimes herausgearbeitet wurden. Die ganze, inzwischen stark modifizierte Bürgerschaft war in höchst spezifischer Weise gewachsen. Es galt, Mentalität, Formen des Umgangs, der Organisation, merkwürdige Einschränkungen von Absichten und Einsichten, Besonderheiten der Interessenvertretung, der politischen Grammatik zu erkennen und zu begreifen, es ergab sich, um einen Ausdruck Max Webers zu benutzen, eine höchst merkwürdige »Eingestelltheit« der ganzen Bürgerschaft. Das alles war ganz anders als in Weimar. Die Römer, allesamt, wollten die Republik bewahren, aber gerade, indem sie dies wollten, erwuchs daraus ein Prozeß, der am Ende zu ihrer Zerstörung führte. Was man wollte und was man im Endeffekt bewirkte, klaffte außerordentlich weit auseinander. Im Grunde waren alle irgend Mächtigen zufrieden und alle Unzufriedenen machtlos, auch wenn sie stören mochten, aber etwas anderes als das Überkommene wollten sie auch nicht. Alle zusammen aber haben den Prozeß der Krise genährt. Und der allmächtige Dictator Caesar hat am Ende alle Macht in den Verhältnissen, aber keine über sie gehabt.

Wo man die Zeit bis dahin gern als Revolution bezeichnet und verstanden hatte, ergab sich, daß sich eine Alternative zum Bestehenden so bald nicht herausbilden konnte. Es war folglich eine Krise ohne Alternative, aber jetzt halte ich Ihnen einen ganzen Vortrag, ich bitte um Entschuldigung.

Ich habe diese Art Vorträge bislang sehr interessant gefunden. Aber könnten Sie noch ein Wort zu Ihrer wissenschaftlichen Arbeitsweise sagen? Was ist Ihrer Erfahrung nach die gewinnbringendste und vor allem auch effektivste Methode?

Es ist eigentlich gar nichts Besonderes. Ich habe meistens schon eine Frage am Anfang. Primär lese ich alle in Frage kommenden Quellen noch einmal sehr gründlich, korrigiere die Ausgangsfrage und entwickle neue, um von denen her wiederum die Quellen zu untersuchen und sie dann zu verbessern: der hermeneutische Zirkel eben. Wenn dabei irgend etwas Besonderes herauskommt, dann liegt es eigentlich an den Fragen, und die hinwiederum hängen oft davon ab, daß ich mir aus anderen Bereichen Kenntnisse verschaffe, Vergleiche anstelle und auf deren Folie dann genauer herauszuarbeiten suche, worum es geht.

Und die sogenannte Sekundär-Literatur?

Je länger ich dabei bin, hat es sich so eingestellt, daß ich von der eher selektiven Gebrauch mache. Ich habe in meinen Büchern auch nie ein Literaturverzeichnis gehabt (frage mich übrigens angesichts der ausufernden Literaturverzeichnisse in der heute erscheinenden modernen Literatur, ob die Autoren wirklich alles gelesen haben; man müßte das einmal auf die Lebenszeit umrechnen. Denken Sie daran, wie ein mit etwa vierzig Jahren verstorbener Handwerker sich bei Petrus über den frühen Tod beschwert, worauf der erwidert: Wir haben die Stunden zusammengezählt, die du deinen Kunden in Rechnung gestellt hast. Danach bist du achtzig Jahre alt).

1966 ist *Res Publica Amissa* erschienen, im selben Jahr haben Sie Ihren Vortrag »Was soll uns heute noch die Alte Geschichte?« gehalten, zwei Jahre darauf die Basler Antrittsvorlesung. Zu Anfang dieses Gesprächs meinten Sie, die Gedanken, die Sie dort vortrugen, seien Ihnen damals erst gekommen. Woher kamen Sie?

Aus der Zeit. Wir haben ja schon darüber gesprochen, wie sich in der Generation der Flakhelfer, um sie nochmal so zu nennen, während der sechziger Jahre eine Aufbruchsstimmung verbreitete. Wir hatten unsere Ausbildung hinter uns, kamen relativ rasch in gute Stellungen, wollten vieles besser machen als die Vorgängergenerationen. »Wie haben die uns die Universität, die Gesellschaft, das Land etc. hinterlassen?«, war eine beliebte Klage. Es regte sich der Wunsch nach Mitsprache. Wir waren wohl auch freier und aufmüpfiger als die vorangegangene Generation, die doch – wie soll ich es nennen? – vielleicht noch in einer gewissen Betäubung befangen war nach dem Erleben von und in der sie immer wieder beschleichenden Erinnerung an NS-Zeit und Krieg. Gleichgültig, wie sie sich darin engagiert hatten, ob sie vielleicht gar resistent gewesen waren. Das alles lastete ja wie ein Riesenblock auf der ganzen Gesellschaft, von dem man zunächst nur einzelnes abspalten konnte. Musil hat nach dem Ersten Weltkrieg gesagt: »Wir besaßen nicht die Begriffe, um das Erlebte in uns hineinzuziehen.« Aber das war ja seinerzeit noch ganz harmlos, und vor allem ist damit nichts darüber gesagt, was im Innern, beunruhigend und betäubend zugleich, in den Einzelnen fortwirkte.

Und hinzu kam, daß zunehmend aufgedeckt wurde, was geschehen war, 1961 der Eichmann-, anschließend die Vorbereitungen zum Auschwitz-Prozeß und der Prozeß selber. Dazu wurden manche, zumindest peinliche Teile der

Vergangenheit respektabler Persönlichkeiten zur Sprache gebracht, zumal die *Zeit* brachte immer wieder Artikel darüber. Hochhuth setzte sich in seinem *Stellvertreter* höchst vorwurfs- und eindrucksvoll mit Pius XII. auseinander, warf ihm vor, zu den Judenverfolgungen geschwiegen zu haben. An den Ulmer Einsatzgruppenprozeß von 1957, der damals sehr viel Aufsehen erregte, kann ich mich interessanterweise gar nicht erinnern. Ich war wohl noch zu tief in die spätrömische Republik verstrickt. Jetzt, Anfang der sechziger Jahre, hatte *Res Publica Amissa* allmählich festere Züge angenommen, und ich war freier für die Gegenwart. Vieles kam zusammen, so daß diese Zeit für viele von uns etwas Befreiendes hatte, Neugier anstachelte, Spielräume erschloß. Es war eine Zeit, da man Programme machte; sie weckte eine Reihe von Fragen, natürlich auch bei den Studenten, es gab lebhafte Diskussionen in den Seminaren und im Anschluß daran. Man darf ja nicht vergessen, daß die Unruhe von 1968 einen Vorlauf hatte, zu welchem Ende sie dann auch führte.

Übrigens begannen in der Literatur und auf dem Theater merkwürdige Annäherungsversuche an die Thematik »Verantwortung und Schuld«. Max Frischs *Andorra*, Dürrenmatts *Besuch der alten Dame* und seine *Physiker*, Siegfried Lenz' *Zeit der Schuldlosen* könnte man nennen. Meine Frau hat damals in einem Vortrag, der bald darauf gedruckt wurde, anhand einer Reihe von Erzählungen aufgewiesen, wie sehr dort die Frage durchgespielt wurde, wie einzelne sich verstricken können, ohne es recht zu bemerken, wie man die eigene Ohnmacht dabei erfährt, sich plötzlich seiner Verantwortung vergewissert – und dies zumeist anhand von erdachten Stoffen außerhalb der NS-Geschichte. Wie rasch verwickelt man sich in Dinge, die man eigentlich nicht will, immer weiter, bis man zum Rädchen in einem Prozeß wird, in dem man sich plötzlich überraschend schuldbelastet wiederfindet, kurz: Vielerlei hat mich damals umgetrieben. Und ich knüpfte auch neue Kontakte, etwa zu den interdisziplinären Arbeitsgruppen. Mit Reinhart Koselleck war ich seit 1956 befreundet, 1967 hatte ich Carl Schmitt kennengelernt, mit verschiedenen seiner Schriften mich neuerdings auseinandergesetzt und viel mit ihm korrespondiert.

Da sprechen Sie ständig von der NS-Vergangenheit, und dann berufen Sie sich auf Carl Schmitt. Wie paßt das zusammen?

Nicht in der Thematik, denn von der NS-Vergangenheit war bei ihm so gut wie gar nicht die Rede, das wurde abgeblockt. Aber in der Erschließung intellektueller Spielräume war er ungeheuer anregend, in seinen Schriften wie in seinen Gesprächen. Er hatte einen ganzen Park von Antennen, immer schon, war höchst beweglich, so daß sich ihm und seinem Gesprächspartner immer neue Perspektiven und Zusammenhänge erschlossen. Die Gespräche nahmen oft überraschende Wendungen. Er vermittelte einem, wie wichtig und bedeutend Dinge waren, über die man wenig nachgedacht hatte, und er forderte einen zu immer neuen Antworten auf seine Fragen heraus. Es konnte einem passieren, wenn man über Nacht dablieb (man wurde in einem Hotel untergebracht, das Zimmer bezahlte er), daß er einem am Abend Aufgaben stellte, über die am nächsten Morgen zu sprechen war.

Könnten Sie ein Beispiel nennen?

Er fragte einmal: »Ich habe die erste Verfassungslehre geschrieben, und Sie interessieren sich auch stark für Verfassung. Warum tun wir das?« Meine Antwort am nächsten

Morgen lautete: »Weil wir beide Anarchiker sind.« Nicht Anarchisten! Das hat er mit Interesse entgegengenommen. Es waren weniger die Antworten, zu denen er selber neigte, als die Fragen, die ich ihm verdankte. Denn die fallen ja nicht einfach von den Bäumen.

Sie haben Carl Schmitt ja sogar in Ihrer Antrittsvorlesung zitiert mit dem Unterschied, den es für eine Zeit mache, wenn man vom Gegensatz Autorität–Anarchie oder von dem zwischen Anarchie und Nihilismus ausgeht. Ihre Antrittsvorlesung fällt nun aber interessanterweise gerade in das Jahr 1968 (!), genauer auf den 6. Juni …

Als ich sie jetzt noch einmal las, fand ich, wie schwierig es doch ist, zu rekonstruieren, was mir damals im Kopf herumging. Es war jedenfalls sehr vieles. Zum einen Fragen der Wissenschaft und ihrer möglichen Vermittlung. Weniges war mir damals selbstverständlich, denn das Übliche reichte mir nicht. Ich fand, daß ich – und nicht nur ich – mich über vieles ganz neu orientieren müsse.

Orientierung ist ja überhaupt ein wichtiger Begriff für Sie. In Ihrer sogenannten Versäumnisbilanz von 1989 haben Sie parallel zu Koselleck, der sein Grundinteresse als ein letztlich utopiekritisches bezeichnete, von Ihrem Grundbedürfnis als dem der Orientierung gesprochen.

Mit ihm ist vielleicht die zentrale Not und der zentrale Antrieb meiner Arbeit gefaßt. Und orientieren wollte ich mich vor allem über die verschiedensten Sachen: Was ist ein Staat? Was ist das Politische? Ich fand, daß man sich darüber grundsätzlich Klarheit schaffen müsse, um an die einzelnen politischen Einheiten heranzukommen. In den unendlichen Plackereien mit der späten römischen Republik hatte ich mich ja weithin blind an die Dinge herantasten müssen. Mußte es also nicht methodisch besser abgestützte Wege geben, um solchen Problemen beizukommen? Zu solcher Orientierung schien mir zudem der Historiker verpflichtet zu sein, gerade auch seinen Studenten gegenüber. Das war Teil seiner Verantwortung als Zeitgenosse, sofern sie ihn in seiner Arbeit bestimmen sollte. Nur darum ging es mir. Ich fand, daß man ganz neu ansetzen müsse.

Auch in den ethischen Urteilen und in der Geschichtsschreibung?!

Ja, indem ich den Plan einer multiperspektivischen Geschichtsschreibung entwarf. Man sollte nicht nur aus der Vogelperspektive des Historikers schreiben, sondern zum Beispiel auch aus der der kleinen Leute, wenn Sie so wollen, der Opfer. Eigentlich ein schöner Plan.

Hat diese Verantwortung des Zeitgenossen Sie auch in Ihren folgenden Aktivitäten bestimmt?

Im begrenzten Sinne, ja. Denn ich habe viel Mühe auf die Orientierung über eine ganze Reihe von Sachen verwandt. Aber daß man auf diesem Wege gleichsam der Gesellschaft nützen kann, innerhalb der Wissenschaft, war etwas hochgegriffen. Eine Illusion.

Warum Illusion? Wir müssen doch handeln, reformieren, erneuern, Erhaltenswertes gegen unsinnige Zeittendenzen stärken *(haut auf den Tisch)*. Wer sonst, wenn nicht die Universität, soll dazu wenigstens den gedanklichen Anstoß geben?

Damals habe ich ihr sogar eine kritische Funktion zugesprochen. Ich war einer sich anbahnenden Zeitströmung aufgesessen. Denn wie soll das gehen? Wie will ein solches Gebilde wie die Universität sich überhaupt zur Gesellschaft äußern – wenn es dazu nicht ganz konkrete Anlässe gibt wie einst bei den Göttinger Sieben? Die ja aber nicht ohne Grund nur sieben waren. Nein, nein, eine solche kritische Funktion können einzelne wahrnehmen, sollten sie auch, möglichst mit anderen zusammen, aber Universitäten wären da überfordert.

Aha, die sollen also Cluster bilden, oder was? Netzwerke? Irgend etwas, Hauptsache etwas, herumforschen, möglichst wichtigtuerisch, und dann möglichst unleserlich präsentieren? Ist das in Ihrem Sinne?

Dazu schweige ich lieber.

Jedenfalls steckte doch unbestreitbar etwas vom Aufrührertum, das man mit 68 verbindet, in Ihrer Vorlesung?

Mehr als ich in Erinnerung hatte, zumindest in der Kritik. Das Wort »Vietnam« fällt nicht, aber es wird deutlich auf den Vietnamkrieg angespielt. Es wird auch am Establishment Kritik geübt, wie die 68er es nachher so kräftig taten. Außerdem habe ich von der Unzufriedenheit der Studenten gehandelt und der ganzen Universität eben eine kritische Funktion zugesprochen. Aber das war zwar 1968, indes bevor herauskam, was dieses »68« dann sein sollte. Man muß die 68er-Unruhen, die folgten, wegdenken, um es zu beurteilen. Ich spürte ein Bedürfnis nach Rechtfertigung. Ich nahm an einer neuen kritischen Strömung teil. Der Begriff »Verantwortung« wurde mir wichtig. Ich wandte ihn auch auf das an, was mir in der Wissenschaft vorschwebte. Das etwa war's. Was dann kam, riß vieles davon in einen Strudel hinein, der nicht meine Sache war.

Welche Erinnerungen haben Sie überhaupt an die 68er?

Ich bin ihnen bald darauf an der Universität zu Köln begegnet. Die Erinnerung ist sehr gemischt. An der Aufbruchs- und Aufruhrstimmung hatte ich, wie gesagt, zumindest ein Stück weit teil. Ich hatte auch einiges Verständnis für die unruhigen Studenten, fand, daß sie nicht ganz unrecht hatten. Manches habe ich mit Humor genommen. Ich habe mir vor Lehrveranstaltungen gerne selber Witze erzählt, um meine Stimmung aufzuheitern, habe mir eine Redewendung vorgesagt, die ich in Italien (dort allerdings in Hinblick auf meine eigenen Kinder) gehört hatte: sono bambini! Also, ganz ernst genommen habe ich sie nicht. Aber ich bin gleichwohl auf sie eingegangen, ernsthaften Gesichts, habe ihre Argumente nicht vom Tisch gewischt, sondern darüber mit ihnen geredet. Wenn sie streikten, bin ich (als guter Beamter) auf das Podium gegangen, habe mein Manuskript dorthin gelegt, bin auf der anderen Seite wieder hinuntergegangen, habe die Hände in die Tasche gesteckt und gesagt: »Nun streikt mal schön!« Da war die Luft raus, und es hat sich eine einigermaßen ruhige Diskussion angeschlossen.

Irgendwann kam eine ganze Delegation in den Ferien zu mir, die mein Seminar besuchen und dort ihre marxistischen Thesen verfechten wollte. Denen habe ich ein Angebot gemacht: In den ersten drei Sitzungen lesen wir, wie gewohnt, einige Quellen und entwickeln unsere Fragen. Aber die vierte Sitzung überlasse ich euch, inklusive der Leitung, und danach können wir sehen, welche Fragen sich dann bewähren. Die vierte Sitzung war unbeschreiblich langweilig, denn von den Jägern und Sammlern bis zum Spätkapitalismus haben sie über alles referiert. Die Studenten gähnten, ich wurde aufgefordert, doch was zu sagen, aber ich habe geschwiegen, wollte sie ja nicht »manipulieren«. Um 20.15 Uhr habe ich das offizielle Ende der Sitzung verkündet, aber erklärt, ich würde noch dableiben. Irgendwann verlief es sich dann im Sande.

Und Ihre Kollegen?

Die haben sich zum Teil in vorderster Linie verteidigt.
Manche waren verbittert. Ich habe mich in einiger Distanz
dazu gehalten und glaube, die Gebote kollegialer Solidari-
tät nicht übertreten zu haben, aber einige Reserven hatte
ich schon. Andererseits wurde man in die Front der Kollegen ein Stück weit hineingedrängt, wenn etwa Fakultäts-
sitzungen gesprengt oder Seminare besetzt wurden. Ich
habe in meinem Dienstzimmer damals nicht mal einen
eigenen Bleistift liegen gelassen. Im Rückblick muß ich sagen: Es war eine interessante Zeit, es waren vor allem gute
Studenten, unter anderem Abgänger vom Humanistischen
Gymnasium, die damals kamen, sich gut vorbereiteten und
heftig, aber interessant diskutierten; in Köln!

**Die Geschichte mit dem Bleistift scheint mir zumindest von einem
tiefen Mißtrauen zu zeugen. Aber hatten Sie auch ernsthaftere Be-
fürchtungen, vielleicht sogar Angst?**

Ja, man wußte ja nicht, was daraus werden sollte. Ich
hörte, wie ein älterer jüdischer Kollege einen tiefen Fluch
ausrief: »Das ist ja wie vor 33!« Vor allem sah ich mit
Sorge, wie viele sich auch vor den Studenten duckten, di-
verse Kultusminister befleißigten sich, die Drittelparität
gesetzlich festzulegen, was ich für absurd hielt. Dies alles
lag mir im Magen. Ich weiß noch, daß ich an Sommer-
abenden gern über die Wiesen bei unserem Dorf ging und
die Kühe anschwärmte: Die sind brav, machen nicht mehr
als Muh und geben auch noch Milch.
Das eine und das andere klaffte auseinander. Ich kam mit
meinen Studenten gut aus, aber ich war für die Zukunft
beunruhigt. Schließlich lebten wir in Deutschland. Außerdem hatte ich für die marxistischen Dogmen gar nichts

übrig. Als ich den Ruf wieder nach Basel bekam, habe ich dem Kölner Rektor gesagt, wenn ich ihn in den Kühlschrank legen könnte, würde ich in Köln bleiben, aber das ging ja nicht, und ohnehin stellte dieser Ruf eine große Verlockung für mich dar.

Der Schwung der Aufbruchsstimmung von '68 war für Sie persönlich also vorbei?

Sagen wir mal, er wurde kanalisiert in die Wissenschaft.

Und die Verantwortung des Zeitgenossen? Wo blieb die?

Sie beschränkte sich. Vielleicht reicht es, daß ich als Beispiel den Appell zur Einbeziehung der außereuropäischen Geschichte in die Geschichtswissenschaft nenne.

Die Welt der Geschichte und die Provinz des Historikers?

Ja, übrigens den ganzen Bamberger Historikertag 1988, der auf meine Initiative und gegen vielerlei Bedenken diese Thematik zum Schwerpunkt hatte, samt einer vorausgeschickten Tagung mit Vertretern der entsprechenden Disziplinen. *Die Welt der Geschichte* … war mein Abschiedsvortrag als Vorsitzender.

Das war aber zwanzig Jahre später. In der Zwischenzeit haben Sie sich der griechischen Geschichte zugewandt.

Ich hatte ja an sich die Absicht, mit einer Arbeit aus der griechischen Geschichte mich zu habilitieren, wenn ich mit der Römischen Republik fertig wäre. Ich wollte eine Zeit behandeln, wo es nicht um Niedergang, sondern um Aufstieg ging, um Aufstieg zur Demokratie. Der Weg ist mir dann zum Teil von außen vorgezeichnet worden. Reinhart Koselleck engagierte mich, einige begriffsgeschichtliche Artikel zu schreiben, was für mich ein großer Gewinn gewesen ist. Später konnte ich das eigenartige antike Können-nensbewußtsein vom Fortschrittsbegriff absetzen. Außer-dem war ich in Poetik und Hermeneutik um Äußerungen zur Geschichtsschreibung gebeten worden, ich habe mich langsam herangearbeitet. So klar, wie es in der Abschieds-vorlesung gewesen ist, hat es sich mir erst kürzlich dar-gestellt. Einiges davon ist in die »Theorie der Geschichte« eingebracht, und dazu kamen noch weitere Anregungen von außen, nämlich die Frage eines Verlages, ob ich ihm ein Buch über das politische Denken der Antike schrei-ben könnte. In diesem Zusammenhang bin ich dann auf Aischylos' *Eumeniden* gekommen. Dies letztere war für mich ganz besonders erfreulich, weil sich infolge davon eine enge, zum Teil auch freundschaftliche Verbindung zur Berliner Schaubühne ergab, die gleichzeitig die ganze *Ore-stie* inszenierte. Insgesamt vierzig Exemplare der im Mai 1980 erschienenen *Entstehung des Politischen* gingen gleich nach Berlin. Übrigens hatte ich auch bei *Res Publica Amissa* das Glück, daß das Buch mir eine Freundschaft einbrachte. Zvi Yavetz in Tel Aviv hat es sehr zu schätzen gewußt. Er kam im Dezember 1971 zu Besuch. Er war in Czernowitz aufgewachsen, die Mutter hatte großen Wert darauf gelegt, daß der Junge gut Deutsch sprach und schrieb und deut-sche Literatur studierte. Nach dem Krieg hatte er das drin-gende Bedürfnis, dieses Land kennenzulernen, aber min-destens 25 Jahre wollte er fernbleiben, die Gefahr, neben Mördern in der Straßenbahn zu sitzen, schien ihm zu groß. Er hoffte auf die nächste Generation. Als mein Buch erschien, meinte er: Mit dem fange ich an. So lud er mich ein, andere Freundschaften schlossen sich an. Schließlich kam er jedes Jahr nach München. So schöne Früchte kann wissenschaftliche Arbeit also auch treiben.

Aber von der *Orestie* sind Sie doch wieder zur römischen Geschichte zurückgekehrt?

Ja, anläßlich einer Vortragseinladung der Siemens-Stiftung in deren biographische Reihe. Damals habe ich die Ohnmacht des allmächtigen Dictators Caesar zum Thema gemacht, ergänzt wurde das durch einen biographischen Rundfunkvortrag über Cicero und später auch noch einen über Augustus. Ich habe danach in meinen Vorlesungen am Collège de France einen Überblick über einige meiner weiteren Ergebnisse gegeben.

Ich dachte aber vor allem an Ihren *Caesar*.

Ich brauchte anläßlich des Rufs nach München Geld für meinen Hauskauf. Die Preise verhielten sich zwischen Bonn, in dessen Nähe ich eins hatte, und München wie eins zu zwei, zudem waren Hypothekenzinsen über zehn Prozent fällig. Da war es eine große Erleichterung, daß ich einen hohen Vorschuß geboten bekam. Ich habe den *Caesar* relativ schnell geschrieben, in weniger als einem Jahr, kannte mich ja relativ gut aus, aber eine Viecherei war's trotzdem. Man hat die Reklametrommel gerührt, und auf diese Weise entstand eine Resonanz, die ich mir nicht hätte träumen lassen. Nicht nur, daß Helmut Kohl das Buch in der Zeitung *Das Parlament* besprochen hat, sondern es gab an die hundert Rezensionen in Tageszeitungen. Man kann sich das heute gar nicht mehr vorstellen.

Trotzdem hat es elf Jahre gedauert, bis ein zweites großes Buch von Ihnen bei Siedler erschien: *Athen*.

Ich war durch anderes abgelenkt, mußte aber auch noch bei den Griechen einiges untersuchen, vielfach unter anthropologischen Fragestellungen, etwa zur kollektiven

Identität, zur Gewalt, zur Angst, zu den Festen, den Spielen in Olympia. Für den Berliner Historikertag hatten wir »anthropologische Dimensionen der Geschichte« zum Zentralthema gemacht. Er wurde auch der grüne Historikertag genannt, weil wir da Lebensformen, Alltagsgeschichte etc. behandelten. Mein Schlußvortrag unter dem Titel »Politik und Anmut« ist bald darauf, zu einem Essay ausgebaut, erschienen, auch bei Siedler.

Ganz besonders habe ich mich mit der Tragödie beschäftigt, an der mich nicht zuletzt das Problem des »nomologischen Wissens« interessierte, das die Athener in ihre große Zeit mitbrachten und das dann angesichts der völlig neuen Beanspruchungen durch die athenische Großmachtpolitik in Frage gestellt wurde. Man war aufgewachsen mit einem ganzen Komplex von mehr oder weniger bewußten Anschauungen, von recht und unrecht, möglich und unmöglich, richtig und falsch. Von göttlichem Willen auch (keinen zu groß werden zu lassen; dem »Neid der Götter«). Die Helden, an deren Schicksal man gelernt hatte, waren groß und vermochten vieles, zum Teil indem sie Götter oder Göttinnen herausforderten. Aber am Ende pflegte es tragisch auszugehen. Mit einem solchen nomologischen Wissen ausgestattet, mußten Athens Kleinbürger große Entscheidungen fällen. Auf einmal beschlossen sie auch, eine radikale Demokratie zu sein, woran zuvor keiner auch nur zu denken vermochte. Was ergaben sich daraus für Fragen, für Zweifel, für Probleme in der Bürgerschaft? Wie wirkte sich das auf den geistigen Haushalt der Stadt (und der Griechen insgesamt) aus? Was mußte man veranstalten, um damit fertig zu werden? Es gab die Feste schon lange, den Wettbewerb der Tragiker, Gelegenheiten also, so etwas durchzuspielen. Das war gleichsam eine öffentliche Arbeit an der mentalen Infrastruktur. Sie läßt sich anhand der Geschichte der Tragödie ganz gut verfolgen, solange es Spitz auf Knopf stand. Später trat das zurück, und gleichsam allgemein-menschliche Probleme der Bürger drängten in den Vordergrund und spiegelten die ungeheuren Auswirkungen des tiefen, welthistorisch vielleicht einzigartigen Bruchs mit allem Naturwüchsigen, der damals erfolgte. In meinem Tragödienbuch ist dies letztere noch nicht enthalten. Ich mußte es abbrechen, bevor es über Sophokles' *Antigone* hinausgekommen war.

Später habe ich mehrere Vorlesungen unter dem komplizierten Titel »Antike Geschichte als Vor- oder Frühgeschichte Europas« gehalten, um mich auf das nächste Buchprojekt vorzubereiten. Das war höchst nützlich, zum einen, weil es mir wesentlich leichter fällt, mündlich meine Gedanken zu entwickeln als schriftlich, zum anderen, weil ich ein Publikum brauchte, um zu sehen, was an Alter Geschichte überhaupt noch verstanden werden kann und wie man es anstellen muß, es dahin zu bringen.

Eine allerletzte Frage. Sie erwähnen in der Abschiedsvorlesung ein halbes Buch, das aus Ihren Vorlesungen im Jahre 2011 hervorgegangen, aber noch nicht ganz fertig sei. Wovon handelt das?

Es ist ein Versuch, die Ordnung der römischen Republik zu begreifen. Vor fünfzig Jahren habe ich mir das vorgenommen, habe in der Zwischenzeit aber immer nur einzelne, sehr merkwürdige Züge dieser Ordnung untersucht, jetzt soll es ums Ganze gehen.

Die Grenzen des Möglichen: Probleme der Abschiedsvorlesung

Man hat Ihnen Determinismus vorgeworfen – ein schwerer Vorwurf, weil Determinismus den Menschen, den historischen wie den gegenwärtigen, letztlich die Freiheit nimmt. Diesem Vorwurf gab im wesentlichen Ihr Buch *Res Publica Amissa* Nahrung, das – für Habilitationsschriften unüblich – in vier Auflagen, zuletzt sogar bei Suhrkamp erschien und längst als Standardwerk, mittlerweile sogar als Klassiker gilt – ein Buch, das offenbar eine gewisse Wirkung erzielte.

Aber der Vorwurf ist unberechtigt.

Und trotzdem warten Sie in Ihrer Vorlesung gleich mit zwei Geschichten auf, von denen Sie behaupten, Sie hätten mehr oder weniger notwendig zum Untergang der römischen Republik respektive zur Katastrophe Athens geführt. Das letztere gehört zum Abschluß der Vorlesung über das 5. Jahrhundert, aber auch die römische Republik noch in die Vorlesung einzubringen, bestand keine unmittelbare Not.

Also zunächst einmal zum Determinismus: Der Begriff meint doch wohl, alles habe so kommen müssen, wie es kam. Ich dagegen habe nur, und zwar aufgrund von speziellen Analysen, bestimmte »prozessuale Zusammenhänge« herauszuarbeiten versucht, die das Ganze wohl zentral betrafen, es aber keineswegs umfaßten.

Das »nur« klingt, offen gestanden, etwas sophistisch und scheint mir eher einen kleinen denn einen großen Unterschied zu machen.

Es ist aber ein großer. Schließlich können wir immer wieder, von Fall zu Fall recht unterschiedlich, beobachten, daß sich bestimmte Tendenzen oder, anders gesagt, Prozesse, ja geradezu autonome Prozesse herausbilden, die in eine bestimmte Richtung drängen, unter Umständen auf den Untergang einer Republik hin.

Aus dem Rückblick betrachtet, mußte alles immer so kommen, wie es kam, einfach deshalb, weil es sonst nicht so, sondern eben anders gekommen wäre. Aber ob man nun wie Hegel vom Weltgeist, von Schicksal, Determinismus oder von autonomen Prozessen spricht, immer läuft es faktisch auf eine mehr oder minder einschneidende Beschränkung der menschlichen Freiheit hinaus. Was meinen Sie mit autonom?

Zunächst: Es mußte keineswegs alles so kommen, wie es kam. Aber streckenweise gibt es doch Tendenzen, die mit einer gewissen Notwendigkeit in eine bestimmte Richtung zielen. Mit »autonom« meine ich den Umstand, daß der Prozeß seine Triebkräfte aus sich selbst heraus erzeugt. Nehmen Sie zum Beispiel den der Motorisierung. Menschen haben immer wieder das Bedürfnis, sich von einem Ort zum anderen zu bewegen. Zur Zeit Goethes brauchten sie dazu, soweit sie dieses Bedürfnis überhaupt stillen konnten, zumeist Schusters Rappen, ein Pferd oder eine Postkutsche. Das hatte weiter keine Folgen, wenn Sie von gelegentlichen Großunternehmen im Straßenbau absehen, wie ihn etwa Napoleon betrieb. Mit der Erfindung des Automobils und vor allem mit der Verbilligung seiner Herstellung und der Steigerung von Masseneinkommen passiert etwas ganz anderes: Viele, unendlich viele Menschen können sich einen eigenen Wagen leisten und umherfahren. Wenn der eine ihn hat, ergibt sich daraus ein Anreiz für den anderen. Gewohnheiten ändern sich. Man kann sich außerhalb der Stadtkerne ein Eigenheim leisten, folglich braucht man einen Wagen auch für die Frau et cetera. Motive genug, die diesen Prozeß stets vorantreiben und die er selbst erzeugt. Eins folgt aus dem anderen. Bis hin zu Abwrackprämien. Die weiteren Folgen der Motorisierung brauche ich nicht aufzuzählen, nur eines ist wichtig: Wenn so viele Menschen sich motorisieren, wird es enorm schwierig für sie, zu verwirklichen, was sie eigentlich wollen, nämlich von A nach B kommen und dort das Auto auch noch abstellen. Wir behindern uns gegenseitig dabei.

Was wir tun, indem wir uns motorisieren und irgendwo hinfahren, ist das eine: Wir verwirklichen bestimmte Absichten. Was wir aber dabei, aufs Ganze gesehen, bewirken, ist etwas anderes: Die nicht beabsichtigten Nebenwirkungen unseres absichtsgeleiteten Handelns summieren sich zu etwas, was nicht oder doch nur eingeschränkt in unserem Sinne ist. Solange bestimmte Randbedingungen (Versorgung mit Treibstoff etwa) gegeben sind. Allgemeiner gesagt: Die Konstellationen unseres Handelns sind dergestalt, daß sie aus unserem Handeln nicht geringe unbeabsichtigte Nebenwirkungen hervortreiben. So kann, ein anderes Beispiel, haargenau der gleiche Akt der Bestechung eines Richters über den Einzelfall hinaus folgenlos sein, wenn er vereinzelt bleibt, oder einen Prozeß der Korruption beschleunigen, wenn die Konstellation derart ist, daß solche Bestechungen üblich, also weithin notwendig werden, sprich gewisse Nebenwirkungen erzeugen.

In der Philosophie spricht man von Phänomenen dritter Art – Dingen, die Ergebnisse menschlicher Handlungen, nicht aber Ziel ihrer Intentionen sind. Adam Smith' *invisible hand* **geht im Prinzip in dieselbe Richtung, nur eben für die Gesamtwirtschaft insgesamt opti-**

Um es kurz zu sagen: Die gesamte römische Bürgerschaft ist in der herkömmlichen aristokratisch geprägten Ordnung befangen, während die Aufgaben der – inzwischen fast die Mittelmeerwelt beherrschenden – Republik in den gewohnten Bahnen nicht mehr gelöst werden können. Das meiste verläuft zwar noch einigermaßen befriedigend, aber immer wieder kommt es zu Herausforderungen, denen im Rahmen des Herkömmlichen nicht begegnet werden kann. Der Senat hat nach allgemeiner Überzeugung die Verantwortung für die Republik. Zu den Voraussetzungen seines Regimes gehört aber, daß keiner der Senatoren zu mächtig wird. Genau das aber droht immer wieder, weil zur Erledigung wichtiger Aufgaben außerordentliche Personen benötigt werden, die aus ihrer Leistung dann Ansprüche ableiten (müssen), Ansprüche, die weit über das Normale hinaus zielen. Auch wenn sie selbst nichts gegen das Senatsregime haben, werden sie folglich vom Senat bekämpft. Gelegentlich sogar mit Waffengewalt. In diesen Kämpfen werden wichtige Institutionen, selbstverständliche Voraussetzungen eines geregelten Zusammenlebens, verschlissen. Ohne daß das jemand beabsichtigt hätte. Es sind unbeabsichtigte Nebenwirkungen, die aus der Konstellation des überforderten Senatsregimes hervorgehen. Auf verschiedenste Weisen.

Im Vorwort zur Neuauflage von *Res Publica Amissa* von 1980 liest man, es »sollte in Hinblick auf das römische Beispiel mit Nachdruck hervorgehoben werden, daß der Typ der Krise ohne Alternative relativ allgemein zu verstehen ist«. Wenn das richtig ist, müßten sich noch weitere Beispiele dafür finden lassen.

Das stimmt. Ich habe allerdings noch keine Parallele für eine so langgestreckte Krise ohne Alternative gefunden. Auf kürzere Zeitabschnitte hat es Ähnliches selbstverständlich gegeben, bei den Griechen etwa oder in der europäischen Geschichte während der religiösen Bürgerkriege oder seit der Endphase des Ancien régime. Dort aber haben wir es zum einen damit zu tun, daß sich eine Dritte Kraft bildet, der Staat etwa, wie er von den »Politikern« (les politiques) in Frankreich gegen die Bürgerkriegsparteien aufgebaut wurde. Bei den Griechen führte das politische Denken dazu, daß gegen streitende und ausbeutende Adlige eine breitere Schicht der mittleren Bürger ins Spiel gebracht wurde. Man wird das Problem jetzt auch in Syrien beobachten können, falls dieser Staat weiter bestehen soll. Vielleicht auch in Libyen.

Die anderen Beispiele stammen also vornehmlich aus der antik-abendländischen Geschichte? Vielleicht ließen sie sich noch vermehren, wenn man, wie es ebenfalls im erwähnten Vorwort heißt, »die Krise ohne Alternative zumeist nur [als] eine Phase einer Krise« begreift. Gibt es Entsprechendes auch im Orient?

Das ist eine sehr interessante Frage. Ich kann sie aber nicht beantworten. Ich weiß nichts darüber. Vielleicht ist die Lage dort anders. Vielleicht treten dort, wenn die Reiche nicht mehr richtig funktionieren, Eroberer auf den Plan oder Usurpatoren, oder die Reiche zerfallen in kleinere Monarchien. Die Frage wäre, ob die Formation gesellschaftlicher Kräfte oder ein Walten von Kreisen wie den »Politikern« (die sich an griechischer Philosophie und römischem Recht orientierten) dort überhaupt möglich gewesen wäre. Eines scheint mir jedenfalls zu fehlen, das ist die Form der gesellschaftlichen Alternativbildung, wie sie etwa im liberalen Bürgertum oder Proletariat vorkommt.

Denn das ist ja die andere Möglichkeit neben der Bildung einer Dritten Kraft, daß sich eine Gegenkraft gegen das Bisherige zusammenballt, die nach besseren oder überhaupt nach eigenen Rechten strebt, die eine Sache hat und viele auf die eigene Seite zieht, insofern zu einer Alternative wird. Wodurch vielfach eine Krise erst entsteht, eher noch: sich verschärft, unter Umständen bis hin zur Revolution, dann jedenfalls aber eine Lösung gefunden wird, dank derer sich das überkommene System ganz neue Kapazitäten eröffnen kann. In Rom ist das etwa ein Jahrhundert lang ausgeblieben. Augustus hat sich endlich vom Bürgerkriegsführer zum Zentrum einer Dritten Kraft steigern können, die nach entsetzlichen Bürgerkriegen das Gros der Reichsbevölkerung auf die eigene Seite ziehen konnte. Krisen entfalten ja mit der Zeit eine zermürbende Potenz. Das kann den Boden für eine Lösung bereiten – wenn eine Dritte Kraft entsteht, die sie nutzen kann.

Auch die Alternativen, die sich schließlich bilden können, hängen also von den Konstellationen ab? Aber ich möchte noch einmal auf Ihre Abschiedsvorlesung zurückkommen. Da konstatieren Sie für Athen in gewissem Sinne auch so etwas wie eine Krise ohne Alternative, genauer: einen notwendigen Ablauf, der zur Katastrophe führt. Gab es da denn wirklich keine Möglichkeiten, rechtzeitig mit dem Krieg Schluß zu machen? Ist menschliche Vernunft wirklich zu schwach, um rechtzeitig nach Auswegen aus solch unheildrohenden Konstellationen zu suchen?

Nicht unbedingt. Man kann nicht ausschließen, daß Athen vor dem endgültigen Zusammenbruch hätte einlenken können. Es gab Politiker, die sich darum bemühten. Aber es wäre naiv, damit zu rechnen, daß sie zum Erfolg gelangt wären, weil es nämlich sehr unwahrscheinlich ist. Bei meinem ersten Israelbesuch 1972 habe ich einen Spruch gelernt: »Wer nicht mit Wundern rechnet, ist kein Realist.«

Also: Man soll damit rechnen. Nur ist die statistische Wahrscheinlichkeit, daß sie eintreten, gering. Und das sollte man nicht vergessen. Man sollte nicht, was Thukydides den Athenern vorgeworfen hat, die Hoffnung zum Koeffizienten der eigenen Erwartungen machen.

Wenn ich ähnliches höre, muß ich immer an den Witz denken, der Goebbels, als die Deutschen Griechenland räumen mußten, beim Orakel von Delphi anfragen läßt, ob der Endsieg sicher sei. Worauf dann die Pythia antwortet: Ihr müßt alle dran glauben!

Was Sie in der Abschiedsvorlesung teilweise in Thukydides' Worten über die Athener Hybris äußern, drängt den Hitler-Vergleich geradezu auf: »das Mögliche in gleicher Weise wie das kaum Mögliche (und zwar) sowohl mit großer als auch mit dürftigerer (also weniger zureichender) Rüstung [zu] erreichen«, erinnert an Hitlersches Vabanque, die starren Halt-Befehle und den »Triumph des (fanatischen) Willens« auch gegen vielfache Übermacht; die Worte des Alkibiades, daß Athen immer weiter ausgreifen müsse, weil es sonst vergreisen und seiner Art untreu würde, lassen an Hitlers »Gesetz des Handelns« denken und an seine Visionen von der ewig blutenden bis zum Ural vorrückenden Wehrgrenze, an der sich die arische Rasse stählen und rein erhalten müsse; das Berufen auf das natürliche Recht des Stärkeren im Melier-Dialog an Hitlers Sozialdarwinismus, an seinen Ausspruch, daß die Affen schwächere Artgenossen einfach tottrampelten, und was für den Affen gelte, in noch höherem Maße für den Menschen gelten müsse; Ihre rhetorische Frage, ob »diese maßlose Stadt schon aus moralischen Gründen unerträglich« war, läßt sich als Grundgedanke und Grundantrieb ohne weiteres auf viele Männer des innerdeutschen Widerstands übertragen; und nicht zuletzt kämpften Athen wie Deutschland gegen eine »östliche Vormacht«. Thomas Bernhard hat gelegentlich von der griechischen »Blut und Boden«-Besessenheit gesprochen.

Die Parallelen zwischen den Athenern und Hitler sind in der Tat verblüffend. Es handelt sich aber, meine ich, um zwei verschiedene Formen von aus dem Ruder laufender Hybris. In ganz verschiedenen Dimensionen, unter ganz

verschiedenen Umständen, mit ganz verschiedenen Folgewirkungen. Athen hat zum Beispiel einen Thukydides
hervorgebracht und zuvor und danach noch vieles andere,
etwa bis zu Euripides' *Bakchen*.

Aber nochmal zu Ihrer Ausgangsfrage: Ich würde den
Determinismus gerne endgültig beiseite räumen. Das
bringt nichts. Man sollte auch für Rom nicht übersehen,
daß die Krise der Republik in vielem anders hätte verlaufen, daß sie sich auch länger hätte hinziehen können. Sie
ist wesentlich durch Caesar vorangetrieben worden, ein
ganz außerordentliches Produkt unter anderem der Krise.
Aber der hätte natürlich besiegt werden oder im Rubicon
oder sonstwo ertrinken können. Im einzelnen gab es da
viele Möglichkeiten. Gerade wenn Sie danach forschen,
wie sich Prozesse bilden, können – und sollten – Sie die
Spielräume, die dabei jeweils bleiben (oder sich geradezu
eröffnen) auszuloten, versuchen. Die Frage nach den prozessualen Zusammenhängen ist also, genau genommen,
auch eine Frage nach Handlungsmöglichkeiten. Man hat
gegen das Faktische immer die Frage nach anderen Möglichkeiten zu setzen, sodaß es seine Selbstverständlichkeit,
vielleicht gar seine Wahrscheinlichkeit verliert.

**Der Prüfstein, inwieweit man Möglichkeiten und Wahrscheinlich-
keiten überhaupt einigermaßen verläßlich einzuschätzen vermag,
ist vermutlich weniger in der Vergangenheitsbetrachtung zu er-
blicken, denn da kennt man ja immer schon das Endergebnis. Vielmehr müßte wohl in die Zukunft blicken, also Prognosen wagen,
wer bewußt und überprüfbar nach Möglichkeiten und Grenzen
menschlichen Handelns fragen wollte?**

Prognosen sind für den Historiker außerordentlich wichtig. Ich habe daher mehrere Oberseminare dazu gehalten,
die sehr beliebt waren. Zum einen sollte man nicht ein-

fach in den Tag hineinleben, sondern auch die Zukunft im Blickfeld haben. Zum anderen sollte man lernen, wie unendlich schwer es ist, Tendenzen zu erkennen, die in der Gegenwart angelegt sind. Sie können durchaus vorhanden sein, durchaus eigene Kraft entwickeln, aber keine von ihnen ist je allein am Werk, es gibt konkurrierende Tendenzen, und es gibt Zufälle und natürlich auch Entscheidungen verschiedenster Art, die in das Geschehen eingreifen. Was herauskommt, entspricht allenfalls in geringem Ausmaß dem Prognostizierten. Insofern lehrt uns das Studium eigener Prognosen (wenn man sie aufschreibt und später wieder studiert) vieles über die Grenzen von Erkenntnismöglichkeiten. Man ist als Historiker ja allzu leicht in der Versuchung, die Akteure der Vergangenheit am eigenen Wissen teilhaben zu lassen.

Spielen Sie damit auf die – vielfach naiven – typischen Fragen und Vorwürfe des Musters »Wie konntet ihr nur?«, »Ihr wußtet doch, und trotzdem habt ihr …?« etc. an, mit denen man die Zeitgenossen der Hitlerzeit so gerne moralisch richtet.

Daran habe ich eben nicht gedacht. Aber das ist sogar ein besonders krasser Fall nachträglicher Ausstattung Früherer mit Wissen ex post; doch das verstehen Gewissenshelden (mit Martin Walser zu sprechen) nicht. Es ist auch eine grobe Ungerechtigkeit. Unter den vielen Briefen, die ich während des Historikerstreits bekam, oft zumindest nazioiden Inhalts, habe ich solche beantwortet, in denen mir etwa vorgetragen wurde: Meine Phantasie reichte nicht aus, um mir denken zu können, was Hitler alles anstellen würde. Es bleibt bestehen, daß in der Behandlung der Juden und anderer schon deutlich wurde, mit wieviel Unrecht und Gewalttätigkeit zu rechnen war. Aber konnte man sich Auschwitz vorstellen, bevor es geschehen war?

Übrigens betrifft die Frage nach den Grenzen menschlichen Erkenntnis- und Urteilsvermögens nicht nur Urteile und Entschlüsse im jeweiligen Moment, sondern
auch die in verschiedenen Epochen und Völkern unterschiedlichen Möglichkeiten, ganz gewiß inklusive der Gegenwart. Das habe ich stets mit großem Interesse verfolgt.
Ein besonderes Problem aber sehe ich in Ihrer Annahme,
über solche Tendenzen und Prozesse könne man nur
gleichsam unter Laborbedingungen urteilen, wenn man
sie nämlich von der Gegenwart aus eine Strecke lang in
die prognostizierte Zukunft hinein beobachtet. Da über-
schätzt man schon die Vorhersehbarkeit von vielerlei Geschehen, die Vielfalt der je am Werk befindlichen Kräfte.
Andererseits unterschätzt man für die Vergangenheit die
Möglichkeit des Historikers, die beliebten Annahmen des
post hoc ergo propter hoc zu entkräften. Denn da stellt sich
ja die Frage, warum etwas geschieht, warum eventuell ein
bekannter Ausgang gerade wider die Wahrscheinlichkeit
gefunden wird.

**Was Epochen angeht, verfügten Sie aus NS- und SED-Zeit ja über
reiches Anschauungsmaterial.**

Vor allem aber fand ich mich immer wieder vor dem Rätsel, daß vernünftige Menschen nicht in der Lage waren,
sich selbst aus gewissen Meinungsströmen herauszuhalten.
Daß einerseits die Herrschenden ungeheure Möglichkeiten gewannen, über Menschen zu verfügen, andererseits
diese sich selbst im eigenen Denken und Urteilen nicht
mehr frei bewegen konnten (ganz unabhängig davon, was
sie davon öffentlich äußern durften oder zu dürfen meinten). Es ist doch frappierend und vor allem erschreckend,
wie vernünftige Menschen plötzlich wie die Lemminge in

bestimmte Richtungen abdriften, sich gleichsam funktionalisieren lassen. Das widersprach all dem, was ich in Elternhaus und Schule, auch vor '45, über persönliche Autonomie gehört hatte. Können Sie sich vorstellen, wie nach dem Krieg das Gros der französischen Intellektuellen unduldsam etwa gegen einen Mann wie Camus einfach einem Herdentrieb erlag? Allgemeiner gesagt, wie Wahrnehmung und Meinung Gravitationen unterliegt, die dann irgendwann umschlagen? Intellektuellengeschichte ist insofern auch Geschichte der Befangenheiten, zeitweilig gar in autonomen Prozessen. Diese eigentlich doch klugen Leute sind im Zweifelsfalle weniger durch gute Argumente zu überzeugen als sogenannte einfache Leute. Einen besonderen Anwendungsfall stellt übrigens die deutsche Erziehungspolitik in den letzten Jahrzehnten dar mit ihren unsagbaren ideologischen Scheuklappen.

Ich möchte doch noch mal auf meine Frage zurückkommen, warum Sie in Ihrer Vorlesung den athenischen »Prozeß« auf die Katastrophe hin gleichsam gedoppelt haben durch die Ausführungen zum Niedergang der römischen Republik? War das eine Art Vermächtnis nach fünfzig Jahren Lehrtätigkeit?

Nein, ich hatte nicht die Absicht, eine Art Vermächtnis vorzutragen. Ich wollte ja auch keine Vorlesung über ein bestimmtes Thema halten, sondern nur eben die letzte des endgültig letzten Semesters.

Dabei haben Sie aber doch auf die fünfzig Jahre zurückgeblickt?

Ja, ganz am Ende. Aber nur am Anfang kam ich auf die erste Vorlesung zurück.

Aber warum das? War das notwendig? So entstand doch der Eindruck einer Art von »tragischem Realismus«, wie die *Süddeutsche* schrieb, eines Pessimismus anders gesagt.

Ich muß gestehen, daß ich seinerzeit überrascht war, wie in dem Artikel ein Zusammenhang hergestellt wurde, an den ich ursprünglich nicht gedacht hatte. Vielleicht war da Unterbewußtes am Werk. Denn ich habe ja noch etwas drittes, wenn auch nur ganz kurz, ins Spiel gebracht: die Eurokrise. Vielleicht waren es die damit gegebenen aktuellen Sorgen, die es mir nahelegten, auf den Niedergang der römischen Republik zurückzukommen. Aber ich wollte den Teufel nicht an die Wand malen.

Sie zitieren in der Abschiedsvorlesung Carl Schmitt mit dem resignierten *docui sed frustra*. Trotzdem wehren Sie sich gegen den Pessimismus-Vorwurf?

Selbstverständlich. Allerdings würde ich mich auch nicht als ausgesprochenen Optimisten bezeichnen, sondern das Wort Zuversicht vorziehen. Die ist mir, glaube ich, immer zu eigen gewesen.

Sie waren nie verzweifelt?

Doch, natürlich. Und niedergeschlagen. Aber nur sehr vorübergehend. Daß sich das zur Hoffnungslosigkeit verfestigt hätte, glaube ich eigentlich nicht. In meinen Arbeiten habe ich ohnehin immer wieder von vorne anfangen müssen, das wurde fast zur Routine. Außerdem habe ich stets versucht, meine Möglichkeiten nicht allzu großzügig zu kalkulieren. Wenn etwas zustande kam, war ich eher überrascht, übrigens auch, wenn eine Redaktion einen Artikel von mir annahm.

Haben Sie nie daran gedacht, daß die Gesellschaft verändert werden müsse und daß Sie Ihr Teil dazu beizutragen hätten? Die Basler Antrittsvorlesung beschlossen Sie immerhin mit dem Hinweis auf die »kritische Funktion der Universität gegen links wie rechts, gegen die Gesellschaft wie gegen sich selbst«. Und knüpften

Nein, ich glaube, das ist mir nie in den Sinn gekommen. Das scheint mir ein aberwitziger, völlig abwegiger Gedanke zu sein. Über Max Frisch habe ich einmal gelesen, daß sich die Welt nicht ändern ließe, habe ihn sehr bedrückt. Als er Anzeichen beobachtete, daß es doch möglich sei, sei er erleichtert gewesen. Da konnte ich nur staunen. Die Welt verändern, das heißt doch sehr vieles und möglichst auf einmal umkrempeln. Vielleicht gar, wie es doch gerne hieß, einen neuen Menschen zu schaffen. Was mußte das kosten? Woher nahm man die Gewißheit, daß das ginge? Aus einer Ideologie? Woher die Scheuklappen, die es möglich machten, sich ihr hinzugeben? Was dabei herauskam, hätte ich ja auch, wenn ich dessen bedurft hätte, an der Sowjetunion beobachten können. Ich fand vielmehr, man habe sich in der Welt, wie sie war, einzurichten; allerdings mit dem Willen, wo nötig, etwas zu verbessern, wenn Sie so wollen, zu reformieren. Wie ich gedacht hätte, wenn ich unter dem NS-Regime erwachsen geworden wäre, ist eine andere Frage. In der DDR habe ich ja auch Widerstand zu leisten versucht. Aber die Welt zu verändern ist dann doch noch mal etwas ganz anderes. Nicht lange vor dem Abitur mußten wir einen Aufsatz schreiben unter dem Titel »Wie stellen Sie sich einen idealen Staat vor?«. Ich habe eine lange verfassungsgeschichtliche Ausführung geschrieben, weil ich allenfalls für eine bestimmte Gesellschaft in einer bestimmten Zeit so etwas wie ein Ideal hätte konstruieren können.

Pessimist wollen Sie also nicht sein. Optimist auch nicht, wohl aber zuversichtlich. Gegen den Determinismusvorwurf verwahren Sie

Ich wüßte es auf keine Formel zu bringen. Zuversichtlich bin ich, indem ich eigentlich immer das Gefühl habe, irgendwie durchzukommen, wenn auch unter Gefahren und Schwierigkeiten. Notfalls, indem ich zurückstecke. Skeptisch bin ich, weil ich den Dingen – also etwa denen, die verheißen werden und an die die Optimisten sich gern klammern, nicht so recht traue. Reicht das?

Und wenn Sie denn partout etwas Vermächtnishaftes in meiner Vorlesung suchen wollen, könnte ich einen Zweizeiler von Goethe zitieren: Glaube Dich nicht allzu gut gebettet/Ein gewarnter Mann ist halb gerettet.

Wovor wollen Sie warnen?

Davor, sich allzu sicher zu fühlen, sich der kleinen und vor allem der großen Welt, in der wir leben, allzu gewiß zu sein. Wir (wenn ich ein gewisses europäisch-amerikanisches Selbstbewußtsein in der ersten Person pluralis formulieren darf) haben ja sehr viel erreicht. Wie auch immer, durch enorme wissenschaftliche, intellektuelle, wirtschaftliche Fortschritte; aber auch dank der fürchterlichen, abschreckenden, zutiefst verstörenden Folgewirkungen des Zweiten Weltkriegs. Krieg in Europa ist ausgeschlossen (übrigens aus vielen Gründen, an denen die EU keinen sonderlichen Anteil hat), Wohlstand weit verbreitet, mancherorts auch Luxus, ein beachtliches Ausmaß an Bequemlichkeit, an der Heilbarkeit von Wunden und Leiden, Lebensverlängerung und alles Mögliche obendrein, was – im Hinblick auf die Weltgeschichte –

ebenfalls als Luxus erscheint. Dazu große Rücksicht-
nahme nicht nur auf Behinderte, sondern auch auf Opfer
und Hinterbliebene, etwa die von Gewaltregimen in La-
teinamerika. Wann je hat man sich so viel Mühe gegeben,
sie zu entschädigen, ja ihnen bleibende Erinnerung zuzu-
sichern? Man fragt sich gelegentlich, ob wir gleichsam auf
die Zielgerade einer unendlich mühsamen Fortschrittsge-
schichte eingeschwenkt sind. Indiz dafür sind die vielen
Nochs, die mit der Konstatierung von Rückständen verbunden sind. Etwa: »Die Menschenrechte sind immer
noch bedroht« (Willy Brandt 1973). Das sieht so aus, wie
wenn die Menschheit es jetzt geschafft hätte …

Ich habe, ehrlich gesagt, Zweifel, daß meine Generation im ganzen
sich darüber auch nur irgendwelche, geschweige denn solch diffe-
renzierte Gedanken macht. Stattdessen lebt sie, nun in Ihren Worten, die ich teile, »stumpfsinnig und dem Tag anheimgegeben«. Karl
Jaspers hat die Zeit vom 8. bis 2. Jahrhundert v. Chr. als sogenannte
Achsenzeit bezeichnet, in der sich in China, Indien, im Orient und im
Okzident, also – wenn ich es so formulieren darf – bei Ihren Griechen, mehr oder weniger unabhängig voneinander gleichzeitig bedeutende philosophische und technische Fortschritte ergeben und
die nachfolgenden Zivilisationen nachhaltig beeinflußt hätten. Bei
den Griechen sei das die Idee der (politischen) Freiheit gewesen, die
die europäisch-abendländische Weltanschauung bis heute präge.
Zur Freiheit aber gehört als zentrale Kategorie immer die Verantwortung dazu, welche wiederum Beteiligung, das heißt lebhafte Anteilnahme, voraussetzt. Indes erleben wir heute einen Rückgang der
öffentlichen Anteilnahme, der geradezu dramatisch scheint. Einem
Ihrer Bonmots im Deutschlandfunk zufolge sei in heutigen Zeiten
das meistgenutzte Körperteil ausgerechnet die Achsel. Ist das nicht
eine bittere Ironie der Geschichte, daß man gerade bei uns, die wir
den Griechen historisch so viel verdanken, mit guten Gründen von
einem Übergang von der Achsen- zur Achselzeit sprechen kann?

Jawohl, die Achsel, die man zuckt, ist heute tatsächlich, sagen wir, ein sehr häufig benutzter Körperteil, im Ganzen dominiert die Gleichgültigkeit. Früher hat man bisweilen wenigstens die Fäuste geballt, heute ist alles egal …

Eben deswegen wollte ich warnen. Der Frieden zwischen den Staaten ist nicht Friede schlechthin. Ersatzweise hat sich der Terrorismus oder der Bürgerkrieg schon als neue Geißel eingeführt. Und in weiten Teilen der Welt ist auch der Friede zwischen den Staaten nicht garantiert. Religiöse Bürgerkriege und Neugruppierungen sind schon im Gange und könnten weithin Auswirkungen haben. Stichworte wären ferner die Umweltbedrohung und die unendlichen Möglichkeiten von Hackern. Oder denken Sie an die Armut und Ausweglosigkeit in Afrika. Meinen Sie, daß das in Zukunft nur ein randständiges Problem bleiben wird?

Die Aufregung über das Schiffsunglück vor Lampedusa ist nur allzu gut zu verstehen. Zumal in einem Erdteil, der sich ununterbrochen an seinen Werten berauscht. Aber was ist denn die Alternative, wenn man den Immigranten in ihren Ländern offenbar kaum helfen kann? Doch eigentlich nur, daß man mit seetüchtigen Dampfern die Flüchtlinge nach Sizilien oder gleich nach Triest transportieren läßt. Finanziell kein Problem, denn sie beanspruchen kaum Platz, und Geld haben sie zu Hause gesammelt, das sonst die Schlepper bekommen. Nur – will man das? Und was hat es für Folgen? Auf die Dauer vielleicht vorwiegend gute. Sie könnten ja unsere alternde Gesellschaft zum Beispiel auf unseren Rollstühlen durch die Gegend kutschieren. Übrigens eine schöne Vorstellung. Aber in der Zwischenzeit? Lassen Sie es mit diesen Beispielen genug sein.

Und was prognostizieren Sie unseren Demokratien? Gibt es die überhaupt noch? Ich meine nicht formal, sondern in der Wirklichkeit. Möglicherweise schwinden da augenblicklich die Grundvoraussetzungen. Wenn Sie etwa das faktisch erschreckend sinkende Bildungsniveau betrachten – ich meine natürlich qualitativ, nicht quantitativ; letzteres steigt ja kontinuierlich an.

Das könnte sich in der Tat auswirken. Wir haben uns zu sehr auf Massenproduktion eingestellt, indem wir etwa der OECD eine Autorität zusprechen, die ihr nach meinem Urteil nicht zukommt. Wie kann man Anpassung zum Erziehungsziel erheben? Ich will die Arbeit von Lehrern und Professoren nicht geringschätzen. Viele geben sich rührende Mühe. Aber was sollen sie machen? Wenn sie ihren Schülern und Studenten gerecht werden wollen, müßten sie vieles sabotieren, was ihnen vorgeschrieben wird. Das aber wird immer schwieriger wegen der Gängelung durch Verwaltung (auch Verwaltungsgerichte). Dies wiederum führt immer wieder leicht zur Resignation – und andererseits zur Abwendung der Besten von der Lehre. Dank Exzellenzinitiativen und dergleichen. In diesem ganzen System steckt der Wurm.

Den Wurm muß man aufspüren und unschädlich machen, sofern das überhaupt möglich ist. Aber ich glaube, daß man in gewissen Situationen (und Positionen) einfach nicht resignieren darf.

Ihr Wort in Gottes Ohr! Wir sind damit schon wieder bei der Demokratie. Hier muß man vielleicht trennen zwischen einem allgemeinen und einem aktuellen Problem. Das allgemeine besteht darin, daß »Demokratie« unter modernen Umständen als solche nur selten erfahrbar ist. Im alten Athen war das klar: beim Demos, zumal bei den mittleren und unteren Schichten, lagen wirklich alle wichtigen und zusätzlich noch viele andere Entscheidungen.

Die Alternative dazu war die Oligarchie, grob: die Herrschaft der Wohlhabenden, mehr oder weniger unter Ausschluß des Volkes. Und da es sich um relativ statische Gesellschaften handelte, konnte alles Wichtige auch wirklich Gegenstand von Entscheidungen sein. Das übrige lief gleichsam von selbst, war in die Hand der Bürger als Privatleute gelegt, allenfalls in Situationen großer Not konnte man dort politisch eingreifen.

In der Moderne dagegen kann das Volk politisch kaum in Erscheinung treten. Ausnahmefälle sind Wahlen, vielleicht Volksabstimmungen und – nicht zu vergessen, obwohl heute schwächer werdend – gewisse, unter Umständen mächtige Erwartungen, die an die Politik in Form der öffentlichen Meinung gerichtet werden. Im Ganzen ist die Politik Sache von Regierung und – in weit geringerem Maße – Parlament. Da kann man nur allzu leicht den Eindruck haben, man habe nichts zu sagen, speziell wenn etwas geschieht, was den einen oder den anderen nicht paßt. Dann pflegen sie sich gern als Volk auszugeben, das eben nichts ausrichten kann. So würde ich das zunächst mal formulieren.

Aber hat das nicht schlichtweg auch mit der Größe heutiger Kollektive und der dadurch notwendigen Repräsentation zu tun und ist insofern unvermeidlich? Muß man sich damit nicht einfach abfinden?

Schon. Aber die Repräsentanten sind eingebettet in die Öffentlichkeit, die sich aber nicht immer formiert. Sie dürfen eigentlich nicht abgehoben sein. Man kann sich mit ihnen auch solidarisch fühlen, wenn gleichsam Rechts gegen Links steht. Heute aber empfindet man viel stärker die Scheidung zwischen Oben und Unten, und man ist verunsichert. Da liegt das Problem.

Man darf, nicht nur insofern es um »gefühlte Demokratie« sich handelt, aber etwas Weiteres nicht vergessen. Politik ist ja dazu da, drängende Probleme zu lösen. Was sie – und die einzelnen daran beteiligten Kräfte – vermag, bemißt sich also in Relation zu ihrer Fähigkeit, das zu tun. Diese Fähigkeit wiederum steht in Relation zur Größe der Aufgaben. Mit den besten Fähigkeiten kann man weit hinter den Erfordernissen zurückbleiben. Es läßt sich nicht alles meistern, was an Problemen aufkommt, unter anderem durch technischen oder medizinischen Fortschritt (mit seinen enormen Kostensteigerungen). Oft besteht das Äußerste darin, daß man irgendeine Form der Anpassung an Schon-ins-Haus-Stehendes oder des Kompromisses findet. Ganz unabhängig von seiner Größe und der Art seiner Beteiligung kann »das Volk« oder, anders: die Demokratie, zumal unter den Bedingungen raschen strukturellen Wandels, gar nicht Herr seiner eigenen Angelegenheiten sein, zumal es selbst in verschiedene Gruppen mit verschiedenen Interessen zerfällt.

Etwas anderes ist es, daß man die Probleme zumindest zum Gegenstand von Diskussion macht, nicht nur unter Experten, nicht nur im Parlament, sondern in der breiten Öffentlichkeit. Ich habe angesichts der späten römischen Republik die Frage nach dem Verhältnis zwischen Strittigem und Mutablem entwickelt. Damals veränderte sich vieles, aber strittig war nur sehr weniges. Damit war die römische Bürgerschaft den Veränderungen anheimgegeben, ohne daß sich darüber auch nur ein Diskurs ergeben hätte. Vielleicht sind wir heute in einer ähnlichen Lage.

Jürgen Habermas schreibt doch bisweilen zu solchen Themen in der *Zeit* …

150

… was aber ohne spürbare Wirkung bleibt. Nehmen Sie ein Problem, das für uns schon heute sehr wichtig ist und es in Zukunft noch mehr sein wird: Was soll eigentlich aus der EU werden? Läuft wirklich alles auf »mehr Europa« zu, oder soll es das? Und wenn nicht, was dann? Ich gebe zu, jeder, der da Zweifel hegt, bekommt gleich den Hammer auf den Kopf, wie wenn er ein schlechter Europäer oder ein Nationalist wäre. Man drängt ihn gern in die rechte Ecke. Aber ist denn schon ausgemacht, daß nicht diejenigen die besseren Europäer sind, die finden, Europa müsse seine großen Vorzüge, seine Vielfalt, auch die (wenn auch eingeschränkte) Eigenständigkeit seiner Völker möglichst bewahren? Könnte es nicht sein, daß die Gurte, je mehr man sie im Sinne eines Zentralismus anspannt, reißen? Muß und kann, was das Finanzwesen angeht, wirklich Europa am deutschen Wesen genesen? Wenn Angela Merkel gouvernantenhaft ihr Sprüchlein aufsagt: Scheitert der Euro, so scheitert Europa, so möchte ich einwenden, nicht Europa scheitert, sondern ein bestimmtes Konzept von Europa: Europa bekäme vielleicht sogar eine neue Chance; und die Möglichkeiten, das Scheitern zu neuen Ansätzen zu nutzen, haben bisher doch eine wichtige Rolle in der Geschichte der EU gespielt (wobei ich die Schwierigkeit, aus dem Euro wieder herauszukommen, mitnichten unterschätzen will). Aber vielleicht ist der riesige Brüsseler Apparat schon nicht mehr elastisch genug.

Gleichgültig, wie man auf diese Fragen antworten will, es müßte doch eigentlich eine lebhafte Diskussion in der Öffentlichkeit, vielleicht gar ein Parteienstreit darüber entbrennen. Wenn nicht, so ist zumindest festzustellen, daß wesentliche anstehende Veränderungen gar nicht erst auf die Tagesordnung der öffentlichen Diskussion gelangen.

Ich finde, wir sollten uns doch wenigstens bemühen, zu erkennen, was geschieht, auch in anderen Hinsichten, und zwar indem wir uns darüber auseinandersetzen. Ich halte es auch für grundfalsch, wenn Politiker meinen, wichtige anstehende Probleme müßten aus dem Wahlkampf herausgehalten werden; glaube auch nicht, daß »das Volk« nicht Verstand genug hätte, sie zu beurteilen. Gewiß, Experten wissen manches besser. Doch sind sie ja keineswegs immer einer Meinung, und nach welchen von ihnen man sich richtet (und welche man fragt), ist dann wieder eine Sache von Parteilichkeit, nicht von Weisheit unserer Obrigkeit.

Aber ich würde gerne noch eine Bemerkung anschließen. Die Zukunft, hat man früher gern gesagt, steht bei Gott. Das wird man heute so zumeist nicht mehr sagen. Aber bei wem steht sie dann?

Der »Intellektuelle«: Historikerstreit. Publizistik um die Wiedervereinigung und anderes

Liest man Ihr Schriftenverzeichnis, so kommt man auf längere Reihen von Aufsätzen in Tages-, Wochen- und Monatsschriften vielfach zu Themen, die mit der Alten Geschichte gar nichts zu tun haben. Sie haben Bücher wie *Vierzig Jahre nach Auschwitz* oder *Deutsche Einheit als Herausforderung* geschrieben, aber auch *Die parlamentarische Demokratie*. Ein wieder anderes Werk trägt den Titel *Von Athen bis Auschwitz*, eine Aufsatzsammlung ist *Das Verschwinden der Gegenwart* überschrieben, und zu guter Letzt, 2010, findet sich noch: *Das Gebot zu vergessen und die Unabweisbarkeit der Erinnerung*. Hat da die »Verantwortung des Zeitgenossen« ein Feld außerhalb der Wissenschaft bestellt?

In gewissem Sinne ja. Denn was ich mir in der Antrittsvorlesung an Orientierung vorgenommen hatte, hatte ja keinen so direkten Bezug zu zeitgenössischer Verantwortung. Nur das eine blieb und hielt durch: ein gewisses Bewußtsein von der über-, ja außerfachlichen Wichtigkeit der Aufgabe des Historikers, von der Notwendigkeit ihrer umsichtig reflektierenden Besorgung.

Wie kamen Sie darauf?

Das ist eine lange Geschichte. Sie beginnt am 8. Mai 1965. Die Freiburger Studentengemeinde wollte eine Freizeit zum zwanzigsten Jahrestag des Kriegsendes veranstalten. Da er bei den Neuhistorikern keinen fand, der dazu sprechen wollte, kam der Pfarrer zu mir; er hatte kurz zuvor meine Tochter getauft. Ich habe gern zugesagt und eine Bilanz aufgestellt. Verlust von Menschenleben, von Provinzen, Zerstörung von Städten und so weiter einerseits, Ende des Regimes, der Kriegshandlungen, der Luftangriffe und so weiter andererseits. Als letzten Titel auf der Negativseite nannte ich »Verlust von Sinn und Namen«, also die Schande, die wir uns aufgeladen hatten, und die tiefen Zweifel an der Sinnhaftigkeit unter anderem von Geschichte, die daraus resultierten. Ich bekam vorwiegend heftigen Widerspruch, Auschwitz sollte durch Dresden aufgewogen werden, auch die Vergewaltigungen durch die Russen wurden ins Feld geführt, drei Jahre vor 1968!

Eine Fortsetzung und dann allerdings eine bemerkenswerte Steigerung fand dieses Engagement aber erst, als ich als Vorsitzender des Historikerverbands (seit 1980) in die Öffentlichkeit geriet, zum Teil auch die Öffentlichkeit suchte. Zumal aufgrund des Historikerstreits (1986ff.). Zuvor aber, 1985, ergab sich schon das Problem, wie ich den Internationalen Historikertag in Stuttgart eröffnen sollte. Ich fand, ich müsse selber die Rede auf Auschwitz bringen. Da ich aber nur zehn Minuten Redezeit hatte, bat ich Joachim Fest, einen Artikel von mir in die Wochenendbeilage der *FAZ* zu bringen, in dem ich mich etwas ausführlicher zum Problem der jüngeren deutschen Vergangenheit äußern konnte. Der Historikertag begann am 24. August, einem Sonntag. Vorangegangen war nicht nur die berühmte Rede Richard von Weizsäckers am 8. Mai 1985, sondern auch der Streit um die gemeinsame Totenehrung durch Präsident Reagan und Helmut Kohl auf dem Bitburger Friedhof (auf dem, wie man dann feststellte, auch junge Soldaten der Waffen-SS begraben waren, was zu großen Komplikationen führte).

Damals fand ich, man müsse einen neuen Modus des Umgangs mit der Vergangenheit entwickeln, unter dem Motto

»Verurteilen und Verstehen«, also: Es muß alles verurteilt werden, was zu verurteilen ist. Es muß aber auch verstanden werden, was zu verstehen ist. Eins setzt das andere voraus. Da ich eine Vortragseinladung nach Tel Aviv für Januar '86 hatte, bat ich, auch dort über dies Thema einen Vortrag halten zu dürfen. Auf Deutsch, weil es mir auf Englisch zu schwierig schien. Der Hörsaal mußte zweimal gewechselt werden, weil er nicht reichte. Dieser Vortrag erschien dann Ende Juni 1986 in der *FAZ*.

Könnten Sie die Stimmung dieses Besuches etwas farbiger schildern? Oder blieb er gleichsam grau, grau deshalb, weil man wohl kaum schwarzweiß, sondern in sehr differenzierten und differenzierenden Schattierungen sprechen mußte? Es ist ja keine Kleinigkeit, im Land der Opfer in der Sprache der Täter die eigene Schuld zum Thema zu machen. Wie hat sich das angefühlt?

Eine Kleinigkeit war es vielleicht nicht. Aber es verlief alles sehr freundschaftlich. Viele kannten mich schon von früheren Besuchen her. Außerdem hatte ich nichts geleugnet und an nichts herumgedeutet, nur eben für Verstehen des zu Verstehenden plädiert. Shulamit Volkow eröffnete die Diskussion mit den Worten, was ich vorgetragen hätte, hätte einige Zeit zuvor eher befremdet. Aber nach dem Libanonkrieg hätte man die eigenen Offiziere über vielerlei klagen hören, was dabei vorgekommen war. Dadurch erscheine alles anders. Was folgte, war voller Verständnis für die Problematik.

Und auf Ihre Rede folgte der Historikerstreit? Wenn Sie mir den Einschub erlauben. Als Sie bereits über die rechte Einordnung von Auschwitz stritten, wurde ich gerade geboren. Sie können sich vorstellen, wie weit für meine Generation erst die Massenmorde zurückliegen, mit denen wir uns irgendwie immer noch identifizieren sollen. Jedenfalls fällt es mir nicht leicht, das Wesen dieses Streits zu verstehen.

Das ist auch sehr schwierig. So gründlich hat sich alles in den nicht mal dreißig Jahren seitdem verwandelt. Doch muß ich gestehen, daß manches mir schon damals aberwitzig vorkam. Letztlich ging es doch darum, daß – und, wie ich fand: wie – die Deutschen mit der Erinnerung an all das, was sie zwischen 1933 und 1945 angerichtet hatten, leben konnten. Das war keine Frage, welche speziell Historiker anging. Im Gegenteil. Wenn sich dazu eine einzige Berufsgruppe hätte äußern sollen: Warum nicht die Anwälte, die Versicherungsagenten oder die Höhlenforscher? Ja, die Historiker waren eigentlich besonders wenig dazu disponiert, einen solchen Streit auszutragen, wegen ihrer *déformations professionelles*, aber in Deutschland muß man ja Fachmann sein, wenn man sich öffentlich zu etwas äußert. Jedenfalls hat die *Zeit* damals lauter Historiker aufgefordert, zu dem Thema Stellung zu nehmen. Dabei waren eigentlich keine Fachkenntnisse dazu nötig, oder wenn doch, so hat sie keiner der Beteiligten gehabt. Man mußte wissen, was jeder aufmerksame Zeitgenosse längst wußte, daß wir nämlich sechs Millionen Juden umgebracht hatten. Übrigens hat das auch keiner bestritten. Allerdings ergaben sich damit einige Fragen, und die brachten den Streit ins Rollen. Zum einen die Vermutung, daß die eigentliche Ursache für den Holocaust in der Sowjetunion gelegen habe, man sprach da von einem »kausalen Nexus«. Zum anderen die, daß dergleichen schon öfter in der Weltgeschichte vorgekommen sei. Das heißt, man suchte verzweifelt nach Wegen, um die Bedeutung der unstrittigen Tatsachen zu mindern, um zumindest Hintertüren zu öffnen, durch die man der ganzen Wucht dieser Belastung entkommen konnte. Die Deutschen sollten nicht vor anderen Übeltätern der Weltgeschichte herausragen. Sehen wir ab

156

vom »kausalen Nexus«, der mir stets als eine verblasene Ausfluchtsuche erschien (so sehr es richtig war, nach den Besonderheiten des 20. Jahrhunderts zu fragen), so hätte die »Einzigartigkeit« eigentlich nur erwiesen werden können, wenn man über die stalinistischen Untaten genauere Auskunft gegeben hätte. Das aber hat keiner gekonnt oder getan, und als schließlich dazu ein Aufsatz erschien, war er darauf angelegt, den sowjetischen Part an den Untaten des Jahrhunderts weit zu unterschätzen.

Aber sei's drum, die Versuche, einem solchen Ereignis etwas abzuhandeln, fand ich unwürdig. Man muß es so nehmen, wie es war, und dann sehen, wie damit zu leben ist.

Das Ganze gehörte jedoch in den weiteren Zusammenhang, der von der damaligen Regierung Kohl (und zumindest einem ihrer Berater) betriebenen Geschichtspolitik. Sie zielte etwa auf die Gründung eines Deutschen Historischen Museums. Die ganze deutsche Geschichte sollte wieder ins Zentrum der Aufmerksamkeit gerückt werden, damit die zwölf Jahre im Geschichtsbewußtsein nicht allzu sehr dominierten. Angeblich sollte auch der »aufrechte Gang« den Deutschen wieder beigebracht werden. Kurz darauf war die Rede von ihrer »kollektiven Schuldbesessenheit«. Daraufhin hat sich Jürgen Habermas, von einem Historikerkollegen entsprechend munitioniert (wie man inzwischen weiß), zu einem Generalangriff auf diese Tendenzen entschlossen. Als Anlaß diente ihm ein Aufsatz von Ernst Nolte, der in der *FAZ* erschienen war. Habermas nahm vier Historiker aufs Korn, die er als »Regierungshistoriker« bezeichnete und denen er unterstellte, daß sie die NS-Verbrechen relativieren wollten. Es folgten Leserbriefe, sowohl auf der Rechten wie auf der Linken brachte man sich in Stellung, Positionen und Verletztheiten der 68er Zeit wirkten fühlbar nach. Es hieß etwa, gegen Nolte würden Frageverbote verhängt, man sprach von der Errichtung von Tabus, und als Joachim Fest Nolte unterstützte, brach die Serie von Artikeln in der *Zeit* los.

Es war aufregend, aber nicht gerade heiter, besonders nicht für den, der die Zunft doch irgendwie zusammenhalten mußte, nachdem sie die Fährnisse der 68er Jahre – im Unterschied etwa zu den Politikwissenschaftlern – relativ gut überstanden hatte. Mitten in die heiße Phase der Artikelfolge in der *Zeit* fiel der Trierer Historikertag. Was sollte ich tun? Ich fand, in Einklang mit meinen Vorstandskollegen, daß ich in der Eröffnungsansprache ausführlich auf die Sache einzugehen hatte. Der Chefredakteur des *Rheinischen Merkur* hat irgendwie davon Wind bekommen und bat sich die Eröffnungsansprache im vorhinein aus, sie lag dann in Hunderten von Exemplaren in Trier auf. Übrigens eine Kleinigkeit: Zur Übermittlung benutzte ich ein damals neues Medium, das Faxgerät auf dem Postamt in Schwabing. Die Übermittlung der rund zwanzig Seiten hat nahezu eine Stunde gebraucht. *(Anmerkung: Auf diesem Stand der Technik ist Christian Meier übrigens stehengeblieben. Erst neulich bemerkte der Zürcher »Tagesanzeiger« zur Entstehung eines Interviews: »Meier, in Ruhe und Abgeschiedenheit eine halbe Stunde südlich von München lebend, hat weder E-Mail noch Fax. Der Schriftverkehr mit der Presse nimmt den Weg über das Postamt des Dorfes. Dorthin wurde die Abschrift dieses Gesprächs zwecks Autorisierung gefaxt – von dort fand sie den Weg zurück auf die Redaktion.«)*

Ich habe an meiner Überzeugung von der Singularität der deutschen Untaten keinen Zweifel gelassen, insofern deutlich Position bezogen. Zudem habe ich erklärt, die Sache müsse in aller Offenheit diskutiert werden. Einen der von Habermas angegriffenen Kollegen habe ich in Schutz genommen, im übrigen Gedanken darüber vorgetragen, wie so ein Streit auszutragen sei. Daß man die jeweiligen Gegner ernst nehmen, voreilige Abkanzelungen vermeiden sollte. Der Beifall war groß, aber ich stieß auch auf Bedenken. Als Vorsitzender hätte ich so deutlich nicht Stellung nehmen dürfen. Aber ich fand – und finde –, das ist meine Pflicht gewesen.

Ihre Pflicht? Das klingt schon wieder nach Preußen und nach Altem Fritz. Ich hatte ein Kinderbuch: *Geschichten vom Franz*, wohlgemerkt vom Franz, nicht vom Fritz. Aber Christine Nöstlinger ist ja Österreicherin. Jedenfalls hieß es da: »Der Franz haßte die Pflicht.« Hannah Arendt hat sich gelegentlich in überaus ätzendem Sarkasmus über die verrückten Deutschen und ihre Verabsolutierung der Pflicht geäußert. Gerade die Pflicht des Gehorchen-Müssens habe nicht unwesentlich zur Ermöglichung des Holocaust beigetragen. Als sich Eichmann diesbezüglich dann auch noch auf den kategorischen Imperativ berief, sprach Arendt von einer »Unverschämtheit. Kein Mensch hat nach Kant das Recht zu gehorchen.«

Nun lassen Sie aber mal die Kirche im Dorf! Ich habe ja keinem gehorchen wollen, sondern nur tun, was ich für notwendig hielt.

Und mir lag es fern, Ihnen irgendeine Befehlsgehorsamswut oder ähnliches zu unterstellen, schon gar nicht in diesem speziellen Fall. Nur bewirken gewisse Reizwörter, gerade für uns Nachgeborene, eben gewisse Vorstellungen. Denn zwischen dem, was man tun zu müssen glaubt, weil man es für notwendig hält, und dem, was dann befohlen wird oder idealerweise gar nicht mehr befohlen werden muß, weil es bereits verinnerlicht wurde, besteht unter Umständen kein großer Unterschied. »Dem Führer entgegen arbeiten« überschreibt Kershaw ein ganzes Kapitel seiner Hitler-Biographie. »Handle so, wie der Führer handeln würde, wenn er an Deiner

Stelle wäre«, hieß sinngemäß eine »zeitgemäße« Abwandlung des kategorischen Imperativs. Das ist mit der Verabsolutierung der Pflicht gemeint. Und deswegen reagiere ich allergisch darauf; der Begriff scheint korrumpiert. Außerdem ist es doppelt schwer zu differenzieren, wenn man nicht dabei war.

Letzteres will ich Ihnen gerne zubilligen. Aber für mich ist der Pflichtbegriff gerade nicht korrumpiert. Es kommt aber darauf an, worin man seine Pflicht sieht. So meinte ich, als Vorsitzender einfach die Pflicht zu haben, mich deutlich zu äußern. Das sehe ich auch heute noch so. Ich habe viele Monate mit dem Streit zu tun gehabt. Es ging sehr heftig zu. Man behauptete sogar, ich hätte den Streit als Historikerstreit durch meine Stellungnahme in Trier überhaupt erst möglich gemacht (was allein schon an der Chronologie scheitert).

Vielerlei Vorwürfe wurden erhoben. Wütende Protestbriefe gingen ein. Nebenbei gesagt auch Morddrohungen, die kamen allerdings nicht von Kollegen. Es wurde auch verlangt, daß bestimmte Äußerungen seitens des Verbandes zu rügen seien, wozu ich nicht bereit war. Es wurde mit einer Spaltung des Verbands gedroht, was ich allerdings nicht ernst genommen habe. In den Mitteilungsblättern habe ich mehrfach mahnend zum Streit Kommentare gegeben. Wann immer sich in München eine Reihe von Historikern zusammenfand, bin ich hingegangen, um zu hören, was gesprochen wurde, und vielleicht auch das eine oder andere zurechtzurücken.

Die Zunft war auf so einen öffentlichen Streit nicht vorbereitet. Das Blut kam rasch zum Kochen. Die an sich doch vorhandene Fähigkeit von Historikern, Texte zu lesen, schien überstrapaziert zu sein. Manch einer sah sich aufgrund von Äußerungen, die wissenschaftlich durchaus vertretbar waren, plötzlich in der Öffentlichkeit an den Pranger gestellt. Es war überhaupt ein Problem, daß es im Grunde um eine politische Auseinandersetzung ging, ohne daß jedem der Betroffenen klargewesen wäre, was das hieß.

Wenn Sie so wollen, war das für Teile der Zunft also eine Überforderung. Aber vielleicht wirkte sich auch die ganze Wucht der Sache aus. Man könnte damals ein neues Stadium im Prozeß des allmählichen, so überaus mühsamen Bewußtwerdens der vollen Bedeutung all dessen erreicht haben, was aufgrund von Auschwitz die Deutschen belastete.

Richard von Weizsäcker hat mir in jenen Monaten mehrfach erklärt, er finde es gut, daß diese Schlammschlacht ausgetragen würde; so würde vieles geklärt. Er dachte dabei an die Auseinandersetzungen über die Aussöhnung mit Polen, ebenfalls eine Schlammschlacht, an welcher er beteiligt gewesen war. Ich war von dem Gedanken nicht gerade beglückt, aber ich muß gestehen: Wahrscheinlich hatte er recht. Denn so wenig intellektuellen Glanz diese Auseinandersetzung entfaltete, die übrigens wissenschaftlich auch keinerlei Ergebnisse gezeigt hat, sie hat wohl doch dazu beigetragen, daß man sich der ganzen Bedeutung von Auschwitz besser bewußt wurde. Das Interesse in der Öffentlichkeit, auch in der Politik war groß. Helmut Kohl hatte mir auf mein »Verurteilen und Verstehen« einen Brief mit Einwänden geschrieben, und man begann sich jetzt wirklich darauf zu besinnen, daß es nicht nur geboten, sondern auch vernünftig war, Auschwitz nichts abzuhandeln, sondern sich den ungeheuren Untaten offen zu stellen. Von dem Sammelband mit den Aufsätzen (bei deren Vorbereitung wieder ein heftiger Kampf tobte, jetzt darum, wer alles auch noch von der einen oder anderen Seite berücksichtigt werden mußte) wurden an die 80 000 Exemplare verkauft.

In diesen Zusammenhang fiel also Ihr *Vierzig Jahre nach Auschwitz*?

Ja, denn ich wollte ausführlich darlegen, was eigentlich das Problem oder, besser vielleicht, die Sache des Streits hätte sein müssen, aber nicht war.

Die Frage war doch, wie die deutsche Gesellschaft mit der Erinnerung an die Untaten umgehen, ja leben konnte. Die Fragen des Historikerstreits dagegen waren zum Teil unsinnig (was die Kausalität), zum Teil unwichtig (was die Singularität anging). Denn selbst wenn die Massenmorde nicht einzigartig dastünden, wäre zu fragen, ob dadurch irgend etwas zu unseren Gunsten anders würde.

Sie haben also in einer heiklen Frage das Wort ergriffen und eine persönliche Position entwickelt. Das ist ja für einen Wissenschaftler nicht gerade üblich. Ich erinnere mich eines Seminars, währenddessen die Dozentin meinte, das Wort »Ich« dürften in der Wissenschaft allenfalls verdiente Ordinarien am Ende ihrer Laufbahn sparsam verwenden, sonst niemand – eine Haltung, die mir immer so absurd wie symptomatisch für die gravierenden Defizite unserer Universitätswelt erschien. Sie haben dagegen 1989 Ihre Gedanken – nur diesmal zur deutschen Vereinigung – ausgedrückt.

Ja, ich hatte mich inzwischen – auch anläßlich zahlreicher Vorträge, Aufsätze et cetera, etwa zur nationalen Identität – quasi zum Intellektuellen gemausert. Denn das sind ja Leute, die sich über Dinge äußern, für die sie nicht zuständig sind.

Allerdings war ich innerhalb dieses Genres wohl untypisch. Schon dadurch, daß man sich nie darüber ganz klar war, ob ich nun mehr nach der rechten oder mehr nach der linken Seite neigte. Denn für mich ging es primär um Erkenntnis, um Argumente. Die aber wahrzunehmen, ist anscheinend nicht leicht, wenn man nicht weiß, wo der Autor steht.

Aber zurück zu Ihren Publikationen zur deutschen Vereinigung. Haben Sie in der Zeit davor an die Wiedervereinigung geglaubt?

Ehrlich gesagt: Nein. Ich habe zwar das Problem nicht verdrängt. Die deutsche Teilung ist mir immer eine Wunde gewesen. Und ich habe sehr richtig gefunden, daß die Ansprüche auf die deutsche Staatsbürgerschaft auch für DDR-Bürger aufrechterhalten wurden. Ich hatte seit 1983 (als mein Sohn einen schweren Autounfall bei Magdeburg erlitten hatte, woraus sich für ihn ein längerer Aufenthalt im Krankenhaus dort und für mich immer neue Besuche ergaben) verschiedene Kontakte dorthin geknüpft. Im Sommer '89 habe ich sogar eine kleine Kampagne angestiftet. Ich hatte durch meinen Sohn einige junge Männer und Frauen aus Potsdam kennengelernt, die sich gegen den drohenden Abriß des holländischen Viertels wehrten. Der Appell an den Oberbürgermeister der Partnerstadt Bonn ging ins Leere, aber in der *FAZ* und beim Sender Freies Berlin ließ sich etwas tun. Ob es Erfolg gehabt hätte, wenn nicht kurz danach die Mauer gefallen wäre, weiß ich nicht.

Ich glaube, daß ich mich keinen Illusionen über die Zustände, auch über die wirtschaftliche Lage der DDR hingegeben habe. Aber wie so viele habe ich zumindest an die unbesiegbare Macht der Sowjetunion geglaubt und damit eben an die Unmöglichkeit der Wiedervereinigung. Als jedoch die Leipziger Demonstrationen anhoben, hat mich das enorm erregt und beschäftigt. Ich habe mit Eifer verfolgt, was geschah, und schließlich eine ganze Serie von Artikeln dazu in der *FAZ* geschrieben, im November 1989 die Vermutung aufgestellt, daß so, wie wir einen Verfassungspatriotismus die DDR eine sozialistische Identität bewahren würde. Die ganze Reihe der Artikel ist kurz darauf als Buch erschienen unter dem Titel *Deutsche Einheit als Herausforderung*. Als von der Universität Jena aus im Mai 1990 ein Wartburg-Treffen organisiert wurde, habe ich den einen der Festvorträge gehalten; den anderen hielt der spätere brandenburgische Ministerpräsident Stolpe. Dann hat man mich gebeten, zur deutschen Einheit auf dem Archivarstag in Karlsruhe zu sprechen; er begann genau am 3. Oktober. Die Rede wurde nachträglich eingeschoben. Ich sehe mich noch abends spät im Hotelzimmer sitzen, am Vortrag schreibend und zugleich im Fernsehen die Vorgänge in Berlin verfolgend. Man war ja nicht durchweg begeistert, aber für mich war es eine große Freude.

Inwiefern? Und welches Grundinteresse wirkte als Triebkraft für diese Artikel?

Ich fand, mit Willy Brandt zu sprechen, wirklich, daß jetzt zusammenwächst, was zusammengehört. Ich war glücklich, daß es diese schreckliche DDR nicht mehr gab, fand aber auch, daß es richtig war, daß die Deutschen wieder einen einheitlichen Staat bekämen. Es tauchte damit einfach eine alte, lange gehegte Hoffnung wieder auf und war dabei, sich zu verwirklichen.

Und was die Artikel angeht: Ich könnte jetzt sagen – das wäre auch nicht falsch –, mich hätte die Beobachtung und das Studium eines höchst eigenartigen Stücks Mentalitätsgeschichte, das sich unter unseren Augen vollzog, gereizt. Es fragte sich ja, wie die Dinge sich für die DDR-Bürger darstellten und abspielten, wie sie diesen unerhörten Wandel, den sie völlig unvorhergesehen durchzumachen hatten, bestanden. Aber genau beachtet war es primär etwas anderes. Es war eine Art Sympathie, nur ist schwer zu sagen, für wen eigentlich. Den Funktionären, von denen ich einige in Berlin, unter anderem als Verbandsvorsitzender, und in Magdeburg kennengelernt hatte, bin ich mit großem Mißtrauen und Abneigung begegnet. Aber die anderen, die auf viele Weise unter dem Regime gelitten hatten, die mit ihm nicht viel zu tun haben wollten, aber doch ihr Leben dort zuzubringen, mit manchem sich abzufinden und Kompromisse zu schließen hatten, mit manchem aber auch, wie es so geht, verständlicher-, gelegentlich auch berechtigterweise sich befreunden konnten, diese schwer genauer zu umschreibende DDR-Bürgerschaft, deren Geschick suchte ich zu verstehen, für die wollte ich plädieren, deren Probleme wollte ich begreiflich machen. Es ging doch nicht einfach darum, ob man in die geschätzte, vielfach beneidete BRD aufgenommen werden wollte, eventuell gar als Bittsteller, sondern wie man mit dem völligen Wandel aller Lebensverhältnisse, aller Orientierung sich in eine unbekannte, zum Teil unverständliche (und ja wahrhaftig auch nicht vollkommene) Ordnung einfügen konnte, mit vielen Verlusten, die oft besser zu greifen waren als die Gewinne. Ich habe versucht, die Dinge mit der ostdeutschen Brille zu sehen.

Ich war höchst unglücklich über vieles, was von Westdeutschland aus geschah (obwohl ich nachträglich eingesehen habe, daß das meiste wohl anders nicht zu machen gewesen wäre). Als ich Anfang der neunziger Jahre in Graz einen Vortrag über die Vereinigung hielt, sahen sich einige der Zuhörerinnen veranlaßt, mir einzuwenden:

Aber es sind doch Deutsche! Wie wenn das kein Problem gewesen wäre! »Nichts trennt mehr als Vereinigung«, war der Titel eines meiner Aufsätze. Auf einem internationalen Kolloquium habe ich den Lagebericht in etwa mit den Worten begonnen, daß sich für die Ostdeutschen eine besondere Schwierigkeit daraus ergebe, daß sie es im Unterschied zu den anderen Volksdemokratien mit einem anderen Landesteil, dem westdeutschen, zu tun hätten. Man war ziemlich überrascht. Ich erinnere mich noch, daß Henry Kissinger mich hinterher darauf ansprach. Aber mit solchen Gedanken war ich damals zunächst ziemlich allein, die zwei Bücher von mir, die der Hanser-Verlag dazu veröffentlichte, haben auch kaum Absatz gefunden. Übrigens habe ich damals, auf einem hochrangig besetzten Kolloquium in Warschau, die westdeutsche Weise, mit dem Problem der Vereinigung umzugehen, als *dementia transitoria* zu diagnostizieren versucht.

Ich versuche jetzt einen sinnvollen Übergang – Sie haben ja auch Aphorismen geschrieben.

Ja, zeitbezogene Aphorismen, fast regelmäßig, bis mir die Puste ausging. Ich hatte irgendwann aber auch das Gefühl, daß es den allgemeinen Wissensstand, an den diese kleinen Stiche ansetzten, nicht mehr gibt.
Übrigens habe ich im Herbst 1990 ein Plädoyer für die deutsche Hauptstadt Berlin gehalten, ausgerechnet in der Münchner Katholischen Akademie, und viel Widerspruch erfahren. Die *Zeit* hat es bald darauf veröffentlicht. Im Zusammenhang mit der Öffnung der Stasi-Archive habe ich 1996 meine Vorlesung »Erinnern – Verdrängen – Vergessen« gehalten, zunächst in der Berliner Akademie und dann in einem merkwürdigen Kreis, den Christa

Wolf in Pankow unterhielt. Meine Absicht wurde von einigen Diskussionsrednern, die offenbar eine Art Meinungsführerschaft hatten, nicht verstanden, so daß mir nur klammheimlich von der einen oder anderen alten Dame leise Zustimmung signalisiert werden konnte.

Recht intensiv hat mich sodann nach der berühmten Wehrmachtsausstellung der Streit um Goldhagens zeitweilig höchste Aufregung verursachendes Buch *Hitlers willige Vollstrecker* über die Deutschen und den Holocaust beschäftigt. 1997 war man weitgehend beglückt davon, daß jemand erbarmungslos den Deutschen seit Luther die Absicht zusprach, die Juden austilgen zu wollen, bis Hitler sich endlich der Sache erbarmte. Es war erschreckend. Wie ein Prophet bereiste der – persönlich nicht uncharmante – junge Mann die Republik. Auf Podiumsdiskussionen, die zum Teil im Fernsehen ausgestrahlt wurden, sah man ihn bedenklichen deutschen Ordinarien gegenüber, die recht hatten, aber sich nicht gut verkauften. Der Höhepunkt und Abschluß der Tournee sollte in München stattfinden. Zwei vorgesehene Säle erwiesen sich schon im Vorverkauf als zu klein, schließlich war die Philharmonie bis auf den letzten Platz besetzt. Ich hatte zugesagt, mitzudiskutieren. Beim Betreten der Bühne, zusammen mit dem Protagonisten, schlugen dem fühlbar so mächtige Sympathien entgegen, daß mir schlagartig bewußt war: Hier kannst du nicht gewinnen. Es gab dann auch frenetischen Beifall für Goldhagen, immer neu, nur zwei Männer, die etwa in der sechsten, siebten Reihe saßen, hielten sich zurück, soweit ich sehen konnte. An die haben sich meine Augen geklammert. Der eine war Yosef Yerushalmi, der berühmte Judaist aus New York, der damals ein Jahr in München verbrachte. Ich kann diese ganze Goldhagen-Affäre (die meinen Studenten schon wenige Jahre später gar kein Begriff mehr war) nicht anders deuten, als daß die maßlose Steigerung der (für sich doch eigentlich schon hinreichend großen) Vorwürfe gegen »die Deutschen«, zusammen mit der Erklärung, seit dem 8. Mai 45 seien sie wie ausgewechselt, eine wohltuende Scheidung mit sich brachte. Wo bis dahin die Jüngeren bei aller oft klaren Distanzierung von den Verbrechen der NS-Zeit, ja bei aller Empörung darüber sich doch irgendwie den damaligen Deutschen zugehörig oder auch nur als Angehörige eben dieses Volkes gefühlt hatten, standen sie jetzt draußen. Die Trennlinie zwischen den Generationen war stärker gezogen als die zwischen den Völkern. Wo man sich zuvor mit in der Arena gefunden hatte, in die die Steine geworfen wurden, durfte man sich jetzt den Steinewerfern zugesellen. Ich weiß nicht, ob dieser Teil deutscher Identitätsgeschichte inzwischen untersucht worden ist. Mich hat dieses Sich-Davonmachen aus der deutschen Geschichte sehr beschäftigt. Übrigens hatte Kohl zuvor schon Teil daran gehabt, zwar nicht durch seinen Spruch von der Gnade der späten Geburt, aber durch den Gebrauch, den er bei seinem ersten Israel-Besuch davon machte; später hat er entschieden umgesteuert.

Dann habe ich mich, auch publizistisch, an den Diskussionen um die nicht nur nach meinem Urteil völlig verquere Aufstellung der aufgeblasenen Pietà von Käthe Kollwitz in der Neuen Wache beteiligt. (Wie kann man auf diese Weise der ermordeten Juden gedenken? Und wie kann man mit dem einen Begriff »Opfer« deutsche Soldaten und ermordete Juden, Zigeuner und so weiter zusammenfassen?) Stärker noch war ich an den Diskussionen um das Holocaust-Mahnmal in Berlin engagiert. Ich habe über die Frage nachgedacht und geschrieben, ob heute der Zeit die Zeit davonläuft, auch über die (ziemlich defiziente) europäische Identität und die Frage, wo die Demokratie bleibt in diesem Europa. Sogar der Balkankrieg hat mich beschäftigt. Man war wieder einmal bei Neuhistorikern nicht fündig geworden. Es war Ferienzeit. Die kroatische Offensive hatte begonnen, und die *Zeit* wollte eine Analyse samt Prognose, ganz eilig.

Ein Aufsatz über Denkverbote »als Nachhut des Fortschritts« fällt mir ein. Da ging es um die *political correctness*, die mir immer ein Dorn im Auge gewesen ist. Ich habe damals auch auf Wunsch des Norddeutschen Rundfunks einen längeren Essay darüber verfaßt, in dem ich einen ahnungslosen Ostdeutschen in lauter Fettnäpfchen treten ließ.

Aber worin lagen eigentlich Ihre Antriebe, sich auf so unterschiedliche Gebiete zu begeben?

Es kamen Aufforderungen von verschiedenen Seiten, zumal anknüpfend an andere Äußerungen von mir, manchmal aber auch zu ganz neuen Themen. Gelegentlich wollte ich mich bestimmter Dinge vergewissern, etwa der »Zeit, der die Zeit davonläuft«. Insgesamt war ich glücklich, Resonanz zu finden. An einem Schreibtisch kann es ja ziemlich einsam sein. Außerdem haben solche Dinge einen großen Vorzug vor der wissenschaftlichen Arbeit: Sie gehen einem in der Regel rasch von der Hand; obwohl ich mich in manches erst einarbeiten mußte.

In die Rechtschreibung etwa? Ich meine natürlich in deren Reform.

Da war ich aus Überzeugung und mit Lust dabei. Ich hielt die Reform nicht nur für unnötig – über einzelne Verbesserungen hätte man natürlich reden können, aber das wollte ja keiner –, sondern auch für falsch – man muß nicht Missstand schreiben, wenn man etwas für einen Mißstand hält, oder gar Programmmacher, wie ich neulich in einem Brief meines Verlegers las; ich verstehe nicht, warum man nicht zumindest Auswüchse sabotiert – schließlich fand und finde ich aber auch, daß es Kultusministern nicht zusteht, in eine der wenigen wirklich mit der Zeit und mit einem hohen Maß an Vernunft gewachsenen zentralen Sphären deutscher Kultur willkürlich einzugreifen. Im 19. Jahrhundert hat man sich – gerade auch in Preußen, und da war es Minister von Falk, der den Kulturkampf durchfocht – nach ersten Vorstößen weise zurückgenommen. Schließlich hat es mich geärgert, daß ich auf zunächst sehr maßvolle Briefe von den Kultusministern mit einer rühmlichen Ausnahme keiner Antwort gewürdigt wurde, obwohl ich als Präsident der Deutschen Akademie für Sprache und Dichtung geschrieben hatte. Eine hohe Meinung von deutschen Kultusbehörden hatte ich eigentlich nie, von Ausnahmen abgesehen, einigen Hochschulabteilungen etwa, und ich wußte längst, daß es nicht die vorzüglichen unter den Politikern sind, die sich in diesem Bereich tummeln. Aber man ahnt ja gar nicht, wie selbst geringe Erwartungen noch untertroffen werden können. Aber lassen wir das. Es ist zu traurig.

Vor drei Jahren schrieben Sie ein Buch mit dem sprechenden, freilich schwer zu merkenden Titel: *Das Gebot zu vergessen und die Unabweisbarkeit des Erinnerns.* **Wie kamen Sie auf diesen widersprüchlichen Gedanken?**

Das Buch habe ich auf Vorschlag des Verlages geschrieben, um meinen Vortrag über »Erinnern – Verdrängen – Vergessen« auszubauen. Kurz zuvor hatte Peter Bender in einem Aufsatz über den Umgang mit der DDR-Vergangenheit sehr nachdrücklich darauf hingewiesen. Ich bin gerne darauf eingegangen, habe vor allem auch den Umgang mit der Vergangenheit in verschiedenen anderen Ländern in die Betrachtung einbezogen.

Und zum Titel: Eines war immer klar – die Unabweisbarkeit der Erinnerung speziell an Auschwitz. Aber gerade in Hinsicht auf die DDR schien es mir an der Zeit, noch einmal daran zu erinnern, daß Vergessen auch eine welthistorisch höchst honorige, bewährte Weise des Umgangs mit schlimmer Vergangenheit in Krieg, Bürgerkrieg und Revolution gewesen war. Doch muß man auch bedenken, wie notwendig die entsprechenden Kombinationen des Erinnerns mit Vergessen etwa in Südafrika waren. Andererseits, was bedeutet es, daß wir heute in der Lage sind, auch Opfern, wenigstens in der Weise des Gedenkens, größere Gerechtigkeit widerfahren zu lassen? Doch kann man es eben auch übertreiben. Wenn ich etwa in der *Neuen Zürcher Zeitung* lese, in Libyen sei es jetzt angezeigt, die Vergangenheit aufzuarbeiten, dann scheint mir das doch einigermaßen verwunderlich.

Und was Deutschland angeht: Wir sind zwar anerkannte Weltmeister mit unserm Gedenkwesen. Aber es ist, scheint mir, manches daran nicht mehr frisch und manches auch übertrieben und wieder anderes ergänzungsbedürftig. Ich glaube, es täte ihm gut, wenn wir es neu und gründlich überdenken würden.

Wenn Sie es dialektisch nehmen wollen, können Sie sogar sagen: Indem das Gedenkwesen so stark zugenommen hat, sind die großen Ausbrüche des Erschreckens vor dem von uns Angerichteten – um 1963, 1968ff., 1979 (Holocaustfilm), 1985ff., 1997 – in sanftere Bahnen umgeleitet worden. Doch ging das kaum anders.

Nein, es ging ja primär darum, die unter Umständen segensreichen Wirkungen des Vergessens herauszuarbeiten. Aber – und insofern haben Sie recht, nur ist das eine andere Sache – die Gedanken an Verurteilen und Verstehen gewinnen durch das Gedenkwesen an Dringlichkeit. Jedenfalls empfinde ich es so.

Mit Bußfertigkeit geht allzu leicht Selbstgerechtigkeit einher. Die Generation meiner Eltern und Lehrer erfährt dabei eine sehr unfaire Behandlung. Immer wieder, auch im Kleinen. Neulich war etwa in 3Sat, in der *Kulturzeit*, davon die Rede, daß »die Deutschen« während der »Reichskristallnacht« Beifall geklatscht hätten. Dabei ist hinlänglich bekannt, daß gar nicht wenige damals sehr betroffen, ja beschämt waren. Ich persönlich habe merkwürdigerweise keine Erinnerung mehr an den Tag, meine Mutter sagte, sie habe sich richtig geschämt, Deutsche zu sein.

Ich will das nicht länger ausführen. Vielleicht ist es mit Folgendem genug: Es ist unbestreitbar, daß »die Deutschen«, insofern sie – als Staat – das Subjekt des Holocausts (und all der anderen Untaten) waren, dafür verantwortlich sind. Alle zusammen. Und es ist auch nicht zu bestreiten, daß sehr viele von ihnen, wenn auch mit der Zeit schwankend, das Regime lange und vielfach begeistert getragen haben. Schwieriger wird es mit der Beteiligung an den Untaten. Einerseits ist klar, daß der Kreis derer, die daran direkt beteiligt waren, weit größer war, als viele uns glauben machen wollten. Andererseits ist es notwendig, die indirekte Beteiligung sehr differenziert zu betrachten. Wohl können Sie sagen, daß selbst die kleinen

Pimpfe in der Hitlerjugend einen Anteil daran hatten, indem sie blutrünstige, antisemitische Lieder in den Straßen sangen. Und daß viele den Antisemitismus achselzuckend gewähren ließen, zu schweigen von denen, die sich dabei bereicherten und so weiter und so weiter. Schließlich trug jeder Soldat, indem er die Front verteidigte, dazu bei, daß dahinter gewütet werden konnte. Insofern steckten »die Deutschen« irgendwie in dem Getriebe mit drin. Unentrinnbar, wenn Sie nicht auswanderten oder solange sie nicht desertierten (oder eingesperrt waren).

Nur – was sagt das über die einzelnen Personen, die zum Teil höchst unglücklich über all das waren, die sich in ihrem Bereich dagegen abzuschirmen, sich mancher Mitwirkung zu enthalten suchten? Die Mehrheit der Deutschen hatte Hitler während der Weimarer Republik nicht gewählt. Viele hatte er dann gewonnen, aber andere auch wieder nicht. Und für die war es zum Teil ein sehr schwieriges Leben, das sie zu führen hatten, mit zum Teil nicht geringen Opfern. Lassen Sie es damit genug sein: Wir müßten vielen unserer Eltern und Lehrer eigentlich Abbitte leisten für all die pauschalen Vorwürfe gegen die damaligen Deutschen, in die wir sie mit einbeziehen. Ich habe lange Zeit mit dem Gedanken gespielt, darüber ein Buch zu schreiben. Aber das werde ich nicht mehr schaffen.

Wer das tut, sollte nicht übersehen, daß viele pauschale Urteile nicht einfach falsch sind – es waren »die Deutschen«, die all die Untaten verrichteten, zuließen, zumindest nicht vereitelten –, nur bedürfen diese Urteile sehr der Differenzierung. Die Generation meiner Eltern und Lehrer hat sich ihr Geburtsdatum nicht ausgewählt. Wir sollten es nicht nur uns, sondern auch vielfachen Glücksumständen zuschreiben, daß wir von solchen Zumutungen, Versuchungen und Beanspruchungen verschont werden – solange das der Fall ist.

Es würde auch dem Gedenkwesen gut tun, wenn in ihm nicht nur von all den Untaten die Rede wäre, sondern auch von den ungeheuren Spannungen, die zu ihrem Umfeld gehörten, von den Schwierigkeiten der Bewährung, der Zivilcourage et cetera, denen gegenüber dieses Volk im Ganzen leider schrecklich versagte, denen es aber im einzelnen zu vermutlich gar nicht so geringen Teilen auch standhielt, in unendlich vielen Situationen. Es ist sehr schwer, aber auch sehr notwendig den damaligen Deutschen Gerechtigkeit widerfahren zu lassen.

Eine schwierige Abschlußfrage: Was würden Sie meiner Generation im Umgang mit der NS-Vergangenheit raten?

Während meine Generation das Gedenkwesen erst einmal erkämpft und ausgebaut hat, stellt sich für Ihre die Frage der Fortsetzung. Dem Gedenken werden Sie nicht entkommen. Das ist auch gut so, denn es muß sein (und es ist ja auch nützlich). Auf der anderen Seite stellt sich die Frage mit jedem Jahr mehr, wie weit die jüngeren deutschen Staatsangehörigen sich eigentlich noch in der Nachfolge der früheren Deutschen sehen. Denn was gehört heute nicht alles zu Deutschland? Man lebt ja heute auch viel stärker in europäischen und internationalen Zusammenhängen. Und Geschichte spielt ohnehin keine große Rolle mehr. Da stellen sich also viele Fragen. Zum Gedenkwesen allgemein, zur künftigen Selbstauffassung der Deutschen und zur Lage in der Welt, vielleicht auch zum Nahen Osten? Aber wie Sie damit umgehen – das steht bei Ihnen.

Der Geschichtsschreiber: Für wen? Wie? Und welche Probleme stellen sich für die Geschichte der Antike im Zusammenhang der Geschichte Europas?

Ich möchte noch einmal auf Ihre Historiographie kommen. Ist der *Caesar* wirklich nur Ihrer Wohnungsnot entsprungen? Hatten Sie vorher nie die Absicht, Geschichte zu schreiben?

Nein, ich glaube nicht. Ich war 1977 sehr überrascht, als ich gleich nach dem Caesar-Vortrag in der Siemens-Stiftung plötzlich von drei oder vier Verlegern umworben wurde, die eine Caesar-Biographie von mir haben wollten. Außerdem war ich ja noch ganz damit beschäftigt, so etwas wie eine Strukturanalyse der Griechen zu schreiben. Was ich 1980 unter dem Titel *Entstehung des Politischen bei den Griechen* vorlegte, waren nur erst einige Vorstöße auf dieses Terrain (die nur dank Siegfried Unseld als Buch erschienen, inzwischen in sieben Sprachen übersetzt sind, ohne daß sie bei deutschen Althistorikern viel Interesse gefunden hätten; es mag aber daran liegen, daß ich damals die Alte Geschichte von außen betrachtet habe, unter der Frage, wie diese Griechen zu begreifen sind, wenn man sie sich nicht aus dem Innenraum althistorischer Selbstverständlichkeiten besieht).

Das überrascht mich, außerordentlich sogar. Denn die Alte Geschichte haben Sie doch bereits in den beiden programmatischen Vorträgen 1966 und '68 von außen betrachtet. Außerdem stellen Sie in Ihrer Antrittsvorlesung für künftige Geschichtsschreibung

doch im wesentlichen drei Forderungen auf: sachliche, ethische, darstellerische. Bei letzteren schreiben Sie ausdrücklich, daß »der Historiker ein Verhältnis zur Dichtung suchen« solle; fordern nachdrücklich eine »multiperspektivische Geschichtsschreibung«; meinen, daß man so weit wie Hermann Strasburger wohl nicht gehen dürfe, der die Erzeugung von Vorstellungen zum Zwecke der Geschichtsvermittlung als »vielleicht die Kernfrage aller Historiographie überhaupt« bezeichnete, aber gestehen selbstverständlich ein, daß Vorstellungen an sich sehr wohl erzeugt werden müßten, daß das sogar eine Frage nach dem »Wesen der Geschichte und dessen Vermittlung« sei. Trotzdem beginnen Sie erst auf Verlagsanfrage und gute zehn Jahre später mit einem größeren historiographischen Werk?

Man kann ja nicht immer alles gleich ausführen, was einem als notwendig erscheint. Mit dem *Caesar* aber war ich auf den Geschmack gekommen. Der Erfolg war beachtlich, und endlich mal in größerem Stil Resonanz zu finden, war, wie schon gesagt, ein schönes Erlebnis; es »lebt« sich dann anders. Vielleicht bin ich in diesem Punkt unersättlich. Daher habe ich sehr schnell mit Siedler einen Vertrag über *Athen* abgeschlossen. Wenn nicht schon damals, so ist mir bald danach der Gedanke gekommen, man müsse in Deutschland (wo es ja die Traditionen etwa der Engländer oder der Franzosen kaum noch gab) Geschichtsschreibung neu ausprobieren. Mit einer Trias dachte ich, das bewerkstelligen zu können: Nach der Biographie eines Mannes die einer Bürgerschaft, um schließlich zu der Geschichte einer Epoche zu gelangen.

Beim *Caesar* liegt das Neue klar auf der Hand. Sie haben auf eine Weise, die damals unüblich war, Strukturgeschichte und Biographie aufs Engste miteinander verflochten. Und die Geschichte einer Epoche wäre dann die *Kultur um der Freiheit willen*?

Ich hoffe nicht. Dieses Buch kann zwar in seinem zweiten Kapitel als Geschichte einer Epoche durchgehen. Und es hat historiographisch, zum Teil durch den großen Quellenmangel bedingt, einen experimentellen Zug, insbesondere dadurch, daß ich die verschiedenen Dimensionen der Geschichte in chronologisch aufgebauten Querschnitten behandelt habe, um sie am Ende in einen großen Zusammenhang einzubringen. Aber es ist ja eigentlich nur eine Vorveröffentlichung, der Anfang nämlich der Vor- oder Frühgeschichte Europas in der Antike, die der erste von vier Bänden der Europageschichte des Siedler-Verlags werden soll. Die anderen drei sind längst erschienen, und ich bastle immer noch an meinem herum; es ist ungemein schwierig.

In Ihrem Abschiedsvortrag als scheidender Vorsitzender des Historikerverbandes, der bereits den provokanten Titel »Die Welt der Geschichte und die Provinz des Historikers« trägt, schreiben Sie, die Geschichtswissenschaften sollen nicht einer Riesenmaschine gleichen, deren Ausstoß nur dazu da ist, andere Maschinen zu füttern, deren Produkte ebenfalls außerhalb des Betriebs nicht gefragt sind. Haben Sie bei Ihren historiographischen Plänen daran gedacht, aus diesen Grenzen des Faches auszubrechen?

Sicher. Ich sah ja, wie sehr für solche Bücher Bedarf war. Mein *Athen*-Buch etwa hat in den ersten Tagen nach seinem Erscheinen schon an die 10 000 Exemplare abgesetzt, so daß man eiligst nachdrucken mußte. Der Verlag warb unter der Überschrift »Athen als Bestseller«.

Aber vor allem war es eines, was mir wichtig war. Alfred Heuß hat das sehr eindrücklich formuliert. Er nennt Geschichtsschreibung den Ort, wo die historischen Bemühungen die höchste Dichte des Denkens erreichen. Sie sei nicht eine wissenschaftliche Mitteilung niederen Grades, in der anderswo erzielte Ergebnisse von Forschung einem breiteren Publikum vermittelt werden, vielmehr eine eigene konstruktive Leistung. Ich will es so sagen: Sie bedarf intensiver Forschung, sowohl im Einzelnen (denn da erweist sich stets Verschiedenstes als problematisch) wie auf das Ganze gesehen, innerhalb dessen die diversen Teile einer Geschichte ihren Platz finden müssen. Erst im Rahmen des Ganzen, wenn man immer neu danach fragt, um bald irgendwo aufzulaufen und neu anzusetzen, wird auch das Einzelne in seiner Bedeutung klar. Es ist absurd, daß Historiker so wenig Aufmerksamkeit darauf verwenden. Überall wird Analyse und Kritik geübt. Zu Recht. Aber wäre die Synthese (oder die Beurteilung von Synthesen) nicht eigentlich auch der Aufmerksamkeit wert?

Von der geforderten Multiperspektivität ist in Ihren Büchern aber nichts zu finden.

Ich habe das Projekt stillschweigend aufgegeben. Es ist für die Antike nicht zu praktizieren. Sie müßten sonst irgendwelche Leute erfinden, denen Sie die Perspektive etwa der Opfer in den Mund legen, müßten den Perspektivwechsel auch eigens begründen, und zwar wieder aus der Vogelperspektive.

Worin sehen Sie die Probleme der Historiographie heute? Oder vielleicht eher noch: Können Sie Ihr Verfahren genauer darstellen?

Als erstes muß man sich, glaube ich, Gedanken über das Publikum machen, an das man sich zu wenden hat.

Sofern man sich überhaupt an eines wenden kann respektive will. Joachim Fest hat scharfe Kritik an der Zunft geübt: »Marc Bloch, einer der Begründer der bedeutenden sozialgeschichtlichen Schule

Frankreichs, hat wieder und wieder davor gewarnt, der Geschichtsschreibung ihren ›Anteil an Poesie‹ zu entziehen. Die gegenwärtige
deutsche Geschichtswissenschaft zumal der sozialgeschichtlichen
Richtung hat sich das zu ihrem Unglück nicht gesagt sein lassen; zu
unserem auch. Statt dessen pflegt sie das Vorurteil, daß der literarische Anspruch die Wissenschaft ruiniere, und läßt nicht davon
ab, computerisierte Datenkolonnen und Zahlenhaufen vor einem
Publikum auszuschütten, das sie nicht besitzt.«

Fest hat da leider, bei aller Polemik, nicht ganz unrecht.
Inzwischen hat sich einiges geändert.

Und das Publikum?

Sie können es zwar nicht kennen. Soweit ich es etwa in
den Jahren nach 1982 beim *Caesar* kennengelernt hatte,
hatte es sich 1993 bei *Athen* und vor allem 2009 bei der
Kultur schon weitgehend ausgewechselt. Aber Sie können natürlich Vermutungen darüber anstellen. Und sollten dabei nicht zu anspruchslos sein. Ich meine, man solle
sich die Leser einer »Geschichte« als sehr intelligent vorstellen und annehmen, daß sie für die Sache zu interessieren sind. Man soll ihnen nichts, was irgend von Bedeutung ist, schenken, aber alles, soweit es irgend geht,
durchsichtig machen, zugänglich für sie, wie gesagt, indem man ihnen mit großem Respekt begegnet und ihre
Ansprüche hoch veranschlagt. Und dann muß man sich
natürlich ein sehr genaues Bild von dem machen, was
man darstellen will. Die Ordnung der Materie im einzelnen gehört für mich schon zum Schreiben selbst, das mit
dem immer neuen Anfertigen von Dispositionen verknüpft ist. Sie können ja alles nur nacheinander erzählen,
von gelegentlichen Querschnitten abgesehen. Wie das
hinkommt, läßt sich nur via Versuch und Irrtum feststellen, für mich jedenfalls.

Selbstverständlich. Ich kann gar nicht anders, und ich hoffe, man merkt es nicht. Mit aller Entschiedenheit müssen Sie aber auch die Dinge selbst in den Blick nehmen. Von Fachkontroversen können Sie, wenn es wichtig ist, berichten, nur – Sie dürfen nie Ihre Fachkollegen ansprechen wollen; das hat auch gar keinen Sinn, weil die es ja ohnehin nicht lesen, allenfalls dürfen Sie Gelegenheiten zu ironischen oder sarkastischen Äußerungen wahrnehmen, wenn die im Blick auf das Publikum Ihnen günstig erscheinen, ohne daß der Adressat erwähnt würde, falls es sich nicht um eine bekannte Persönlichkeit wie Theodor Mommsen handelt.

Im *Caesar* haben Sie meines Wissens Ihre Kollegen nur ein einziges Mal, bei der Frage nach Caesars Geburtsdatum, erwähnt, und sie dann auch gleich noch mit den Astrologen auf eine Stufe gestellt.

Das ist wahr. Ganz besonders ist zu beachten, daß Sie alles tun müssen, um Ihr Publikum in Ihr Werk zu engagieren. Zum einen sollte deutlich werden, daß das, wovon Sie handeln, von allgemeinerem Interesse ist. Zugleich aber sollten Sie die Leser hineinziehen in Ihre Bemühungen, etwa schwierige Tatbestände zu ermitteln. Auch wenn von Goethe bis Alfred Heuß immer wieder andere Meinungen geäußert werden, verträgt das Publikum durchaus, ja, es legt sogar Wert darauf, darüber in Kenntnis gesetzt zu werden, wo bestimmte Aussagen nur mit bestimmten Graden von Wahrscheinlichkeit oder auch nur vermutungsweise gemacht werden können. Ja, Sie sollten den Leser geradezu an Ihren Nöten teilhaben lassen, wenn auch maßvoll. Der Not etwa, trotz fehlender Überlieferung zu Aussagen zu gelangen. Man kann, ja sollte gelegentlich deutlich machen, wo die Grenzen des Feststellbaren verlaufen, indem zugleich gesagt wird, was man eigentlich wissen müßte, aber nicht weiß; man kann das durch gute Fragen, eventuell durch mehrere markieren; Fragen, die offen bleiben müssen, auch wenn Sie mit einem »jedenfalls …« feststellen können, daß gleichwohl eine Basis besteht, auf der sich – problembewußt – fortfahren läßt. Die Spannung, die Sie nach Möglichkeit erzeugen sollten, kann allenfalls streckenweise aus den (eventuell dramatischen) Abläufen gewonnen werden. Weithin muß sie gleichsam intellektuell sein. Es ist nicht nur Caesars Schicksal, das hier oder dort auf dem Spiel stand, von Interesse, sondern auch die Weise, in der er in seiner Zeit zum Außenseiter wurde. Und die Weise, in der damals die Republik in ihrer so eigenartigen Krise beschaffen war. Und es muß deutlich werden, was daraus etwa an Konsequenzen für die ganze Bürgerschaft, für die Politik der Zeit und das Schicksal der Republik erwuchs.

Aber will man als Leser nicht zuallererst eine interessante und spannende Geschichte lesen, weniger Grade von Wahrscheinlichkeiten?

Ich meine: beides.

Und die Spannung kann ja wesentlich am Stil hängen. Wenn Sie an Ihren Texten feilen, welches Stilideal schwebt Ihnen dann vor?

Ich kann das nicht spezifizieren. Jedenfalls sollte es ein guter Stil sein. Wie schon Cicero wußte, ist Geschichtsschreibung ein literarisches Genus, das freilich an Grenzen gebunden ist, weil man hier nichts erfinden kann.

Das hat aber auch Vorteile: Nach einem Bonmot Sebastian Haffners ist zwar der Mensch nicht Herr der Geschichte, der Historiker aber wohl. Verraten Sie mir einige Ihrer schriftstellerischen Tricks? Lesen Sie sich beispielsweise laut selbst vor, um Klang und Rhythmus zu testen?

Nein, ich lese das Geschriebene zwar immer wieder, aber leise, bin sogar ein sehr aufmerksamer Leser, entsprechend ein stets neu verunsicherter Schreiber.

Und Tricks?

Ich weiß nicht, ob Sie es so nennen wollen, aber versuchen Sie sich, soweit es irgend geht, eine Anschauung von Ereignissen, Gepflogenheiten und dem Wirken von Institutionen zu machen. Fangen Sie auch strukturgeschichtliche Tatbestände möglichst in Erzählung ein. Verschmähen Sie auch bezeichnende Details, auch Anekdoten, die Sie in der Überlieferung finden, nicht, wenn sie ein Licht auf Vorgänge und Situationen werfen, wie zum Beispiel den Hund des Xanthippos auf dem Weg nach Salamis. Der Ernst der Darstellung muß darunter nicht leiden, außer Sie sind albern. Vermeiden Sie außerdem explizite Regieanweisungen (etwa »wie wir schon sagten« oder »wie wir noch sehen werden«!). Das wirkt onkelhaft oder allzu gelehrt. Arbeiten Sie lieber mit einem leicht versteckten, dafür entschlüsselbaren Verweissystem beispielsweise mithilfe des schönen Wortes jene(/r/s), auch das ist eine Herausforderung, an der die Darstellung wachsen kann.

Und unterbrechen Sie die Darstellung immer wieder einmal durch große Absätze und fahren Sie dann mit möglichst gut, möglichst originell formulierten Sentenzen fort, die auf möglichst überraschende Weise an Erfahrungen Ihrer Leser anknüpfen können. Und wenn Sie, wie ich das zumindest muß, immer wieder das Geschriebene lesen, etwa um Wiederholungen zu tilgen und versteckte Hinweise auf andere Teile der Darstellung anzubringen oder zu überprüfen, könnten Sie die Gelegenheit nutzen, billige, blasse oder abgegriffene Wörter durch bessere, ich finde auch: durch gerade noch in Gebrauch befindliche, aber sehr schöne und konkrete altmodische Ausdrücke zu ersetzen.

Caesar spricht vom ungebräuchlichen oder fremden Wort, das der Redner oder Schriftsteller meiden müsse, wie ein Seemann die Klippe …

Man muß ja nicht unbedingt Caesars Meinung sein. Außerdem ist »gerade noch in Gebrauch befindlich« nicht gleich ungebräuchlich. Kein Trick, aber ein Glück, das mir zuteil geworden ist, war, daß ich einen Verleger fand, der sehr viel von seinem Handwerk verstand, der (wenn Sie das nicht falsch verstehen) geradezu ein Künstler war und sich anbot, das ganze Buch zu lektorieren …

Wieso sollte ich das falsch verstehen? Künstler ist für mich ein äußerst positiv besetzter Begriff, da denke ich an Thomas Mann oder Schiller. Aber Sie meinen jetzt wohl Wolf Jobst Siedler?

Es lag ihm daran, daß der *Caesar* wirklich gut würde, es war das erste größere Buch des neugegründeten Verlages. Und so hat es einen regen Austausch zwischen uns gegeben. Wenn ich etwas fertig hatte, habe ich es ihm geschickt und bekam es mit reichen Fragen und Kommentaren zurück. Wenn ich abends um elf müde war, konnte ich ihn anrufen und sagen: Ich komme nicht weiter, worauf er dann fragte, was haben Sie zuletzt geschrieben? Was haben Sie vor sich? Dann machte er mir Vorschläge, sodaß ich bis in die Nacht weiterschreiben konnte. Als Caesar gerade über den Rubicon war, fragte er: Wie wollen Sie ihn sterben lassen? Er war mir also immer auch schon ein Stück voraus. Ich habe von ihm auch sehr viel für die intellektuelle Spannung gelernt und werde immer dankbar dafür sein. Übrigens: große Persönlichkeiten, gerade aus der Antike, gerade Caesar haben ihn stets fasziniert. Und vielleicht nicht ganz zufällig findet sich auf seiner Todesanzeige ein Zitat aus Shakespeares *Caesar*. Brutus sagt es vor der Schlacht bei Philippi: *Sehen wir uns wieder, nun so lächeln wir / Wo nicht, so war dies Scheiden wohlgetan.*

Res Publica Amissa war intellektuell gleichfalls sehr spannend und stringent, wenn auch natürlich nicht besonders literarisch. Falls ich Sie richtig verstanden habe, begannen Sie seit dem *Caesar* damit, literarisches und wissenschaftlich-intellektuell-spannnendes Schreiben (sofern das überhaupt Widersprüche sind) zu kombinieren. Inwiefern äußert sich dieses doppelte Bestreben jetzt in Ihrer Europa-Geschichte, an der Sie noch immer arbeiten? Können Sie Ihren Lesern einen Vorausblick oder wenigstens einen Einblick in die Werkstatt geben?

Das ist alles sehr kompliziert. Es geht heute nicht mehr an, einfach griechische und römische Geschichte (samt Aufkommen und früher Geschichte des Christentums) in gewohntem Rahmen zu erzählen, damit andere dann für Mittelalter und Neuzeit daran anschließen können. Denn Sie sind ja zunächst einmal mit der Frage konfrontiert, ob die Geschichte des Altertums überhaupt Teil der Geschichte Europas ist. So selbstverständlich, wie man das früher, im Sinne der alten Einteilung Antike – Mittelalter – Neuzeit nehmen konnte, ist das doch nicht. Vielleicht bildet die griechisch-römische Geschichte ja nur einen Teil der Vorgeschichte Europas. Oder, wenn sie doch die Frühgeschichte gewesen sein soll, fragt sich erstens: Was ist denn überhaupt dieses Europa? Und zweitens: Weist die Antike Merkmale auf, die sie mitsamt dem mittelalterlich-neuzeitlichen Europa deutlich von allen anderen Kulturen abhob? Wahrscheinlich wäre das politisch

184

nicht korrekt, weil es gegen das Gleichheitsgebot verstößt *(lacht)*.

Im Ernst: Die Tendenz geht heute doch dahin, die Antike stärker ins Glied der Kulturen zurücktreten zu lassen. Profil ist wenig erwünscht. Aber wie auch immer, jedenfalls ist es in diesem Rahmen kaum möglich, antike Geschichte einfach als Gegenstand eigenen Rechts zu behandeln. Sie müssen vielmehr die antiken Phänomene und Entwicklungen unter einem ganz bestimmten, bisher ganz ungewohnten Blickwinkel zuallererst einmal studieren. Etwa die Besonderheit, die »der« Polis – oder, besser: vielen Poleis – von Anfang an eigen war, jener spezifischen Form von Freiheit und Eigenständigkeit, die sich nach meinem Urteil erschließen läßt. Eine längerfristige Nachwirkung geht allein davon aber nicht aus. Es mußten nicht nur diese Freiheit und Eigenständigkeit über zahlreiche Gefährdungen hinweg gesichert werden und sich fortbilden. Vielmehr muß etwas eingetreten sein, was nicht leicht zu bestimmen ist. Ich möchte es einen Bruch nennen. Davon sprechen auch andere. Bruch nämlich mit bestimmten, gleichsam naturwüchsigen Grundlagen des Rechts. So etwas kann man verdrängen oder verkleistern und irgendwie darüber hinwegleben. Aber man kann es auch wahrnehmen, kann sich davon geradezu faszinieren lassen. Man kann den Bruch vertiefen, um sich herausgefordert zu sehen, intellektuell, vielleicht auch künstlerisch es mit alldem aufzunehmen, was daraus an Not, an Problematik, aber auch an Möglichkeiten, an plötzlichen Horizonterweiterungen erwuchs. Das muß bei den Griechen der Fall gewesen sein, und zwar fulminant, wie wir es in der Sophistik, bei Sokrates und Platon, aber auch in den unerhörten Tragödien und in der Geschichtsschreibung greifen können (während die Bürgerschaften im ganzen schließlich darüber »hinwegzuleben« vermochten). Es kommt dabei zu ganz elementaren, einschneidenden Neuerungen, ganz neuen Fragen, Herausforderungen, die bis heute nichts von ihrer beunruhigenden, aufrührenden Kraft verloren haben. Man kann ja über viele Antworten, die Platon gegeben hat, sehr unterschiedlicher Meinung sein. Aber daß seine Fragen uns wie ein Stachel im Fleisch noch heute sitzen, ist kaum zu bestreiten, nur – bestimmen Sie das mal genauer! Und versuchen Sie das verständlich zu machen!

Es geht dabei um Feinheiten, die aber sehr bedeutend, ja entscheidend für die Weltgeschichte sein können. Mehr als 98 Prozent der Gene haben Menschen mit Schimpansen gemein. Entsprechend vermutlich Griechen mit allen anderen. Aber die weniger als zwei Prozent können überaus wichtig sein. Und, ich kürze jetzt ab, dies alles müssen Sie historiographisch darstellen, müssen vieles auslassen, was zum üblichen Bestand einer Geschichte gehört, anderes ausführlicher behandeln, was Sie sich erst einmal erarbeiten müssen – und bei alldem noch gewisse Konzessionen machen an das, was anspruchsvolle, kluge Leser auch heute noch von einer Geschichte der Antike erwarten und erwarten dürfen, selbst wenn sie Teil einer modernen Geschichte Europas ist. Einfach weil sie vieles über, eventuell historisch höchst fragwürdige, aber gleichsam mythische Ereignisse wie etwa den Tod der Lucretia aus Literatur, Malerei et cetera wissen und Auskunft darüber haben möchten. An solchen vertrauten Bildern können Sie übrigens ansetzen, um die Fremdheit der Römer, die Ihnen bewußt sein muß, gegen das Vertraute zu setzen, was implizit in der ganzen Darstellung zu geschehen hat.

Rémi Brague hat einmal von einer *adoption inverse* gesprochen, durch die sich die mittelalterlich/neuzeitlichen Europäer die Antike angeeignet hätten. Ganz unabhängig von der Frage Vor- oder Frühgeschichte ergibt sich auch daraus eine gewisse Berichtspflicht – nur eben neben den tieferen Fragen nach alldem, was die fortwirkende Potenz der Antike bedingt. All das muß auf sehr begrenztem Raum und unter Verzicht auf manches, was historische Erzählung als solche reizvoll macht, dargestellt werden. Wobei ich vom kaiserlichen Rom und von christlicher Mission und Theologie und so weiter noch gar nicht gesprochen habe.

Man hat früher, zumal in Frankreich, gerne vom »griechischen Wunder« gesprochen. Im Hinblick auf die Nachwirkung muß man wahrscheinlich ein »antikes Wunder« annehmen.

Ehrlich gesagt, kommen Sie mir selber ein bißchen wie ein antikes Wunder vor. Darf ich zum Schluß fragen, aus welchen Quellen Sie eigentlich Ihre erstaunliche Kraft und Vitalität schöpfen?

Ach, überschätzen Sie die nicht.

»Alles Mißlingen«, heißt es ja, »hat seine Gründe, aber alles Gelingen sein Geheimnis.« Wie lautet Ihr's?

Wenn ich fertig bin, will ich es Ihnen gern verraten. Wenn ich es dann weiß. Einstweilen muß ich mich noch einmal mit dem Wort »Pflicht« behelfen, denn ich habe den Band Wolf Jobst Siedler in einem Gentleman's Agreement zugesagt.

Da kann man Ihnen nur viel Glück wünschen.

Ich will es so sagen: Noch einige gute (und, wenn ich das noch hinzufügen darf, möglichst keine schlechten) Jahre.

Die Wissenschaft des Historikers
und die Verantwortung des Zeitgenossen
Antrittsvorlesung
6. Juni 1968, Universität Basel*

Wenn Zeitgenossenschaft Verantwortung in sich birgt, so kann der Historiker davon nicht ausgeschlossen werden. Eine andere Frage ist – so könnte es scheinen –, wie weit das mit seiner Wissenschaft zu tun hat. Einzig davon soll hier die Rede sein. Denn wieweit der Einzelne über das hinaus, was seines historischen Amtes ist, sich in seiner Gegenwart engagieren will, ist seine Sache. Wieweit es ihm jedoch gestattet sein kann und geboten sein muß, sich in seiner Wissenschaft von der Verantwortung des Zeitgenossen bestimmen zu lassen, das kann sehr wohl eine Frage von Pflichterfüllung oder -versäumnis sein. Wie weit sich also Wissenschaft des Historikers und Verantwortung des Zeitgenossen verbinden können respektive sollen – und zwar unter den Bedingungen dieser Zeit –, soll das Thema der folgenden Überlegungen sein.

Im Ganzen ist die Sache eigentlich klar, denn daß der Historiker eine besondere Verantwortung gegen seine Zeit und das heißt insbesondere auch gegen die Zukunft seiner Zeit hat, versteht sich eigentlich von selbst. Er hat

---

* Abgedruckt ist das Originalmanuskript, das in Basel leicht modifiziert vorgetragen wurde.

es zu tun mit Politik, Staat, Gesellschaft, mit den Veränderungen und Veränderungsweisen öffentlicher Zustände, mit dem Menschen als dem in dieses Geschehen handelnd und leidend verwickelten Wesen. Er besitzt besondere Werkzeuge und Fähigkeiten, um darüber Klarheit zu schaffen. Er bildet, indem er dies alles darstellt, die Vorstellungen der Zeitgenossen von der Geschichte und ihren Elementen. Insbesondere soll er – sofern er an Universität oder Schule lehrt – die Vorstellungen der Nachwachsenden bilden und seinen Schülern nicht nur Kenntnisse, sondern zumal auch Maßstäbe und Kriterien zur Beurteilung früherer, gleichzeitiger und künftiger Ereignisse, Situationen, Zustände vermitteln. Dabei hat er es, sofern er an dieser Universität lehrt und heute etwa vierzig Jahre alt ist, zuletzt (1998) mit Studenten zu tun, die bis etwa 1978 geboren sind, ihrerseits also bis zum Jahre 2045 Schüler unterrichten werden, deren letzte wieder bis über das Ende des 21.Jahrhunderts hinaus tätige und verantwortliche Bürger sein sollen – eine Vorstellung, die einen schon in den Schlaf verfolgen kann.

Außerdem verwaltet der Historiker gleichsam eine Unsumme von menschlichen Erfahrungen und Möglichkeiten politischen und gesellschaftlichen Lebens, Handelns, Erleidens, Bewahrens und Veränderns – das einzige Feld, auf dem ein gewöhnlicher Sterblicher mit Staaten, Gesellschaften, Staatensystemen et cetera in großem und kleinem Maßstab experimentieren kann – theoretisch natürlich, insofern die Fragen der Zeit an die Vergangenheit gestellt, dort durchprobiert werden können, um verändert, das heißt bereichert und modifiziert, teils das Bild der Vergangenheit, teils aber auch das der Gegenwart prägen zu können.

Kurzum: Die Forderung, daß der Historiker in besonderer Weise verantwortlich sei gegenüber seiner Gegenwart, ist nur allzu naheliegend und berechtigt.

Es kommt unter den Bedingungen dieser Zeit noch etwas hinzu, was diese Verantwortung entscheidend zuspitzt und sehr viel dringlicher macht: Das ist, daß kein Mensch heute weiß, woran wir eigentlich sind. Wer es zu wissen glaubt, ist mindestens auf einem Auge blind und kann keine Perspektiven mehr wahrnehmen. Es gibt ungeahnte, ungeheure technische Möglichkeiten. Es gibt wenig Sicherheiten, die eine Beschränkung in deren Gebrauch gewährleisten. Ganz gewöhnliches, fast möchte man sagen: unschuldiges menschliches Versagen kann unendlich folgenreicher sein als je. Es kann also vieles geschehen, was keiner von uns will und was wir doch zu verantworten und eventuell – samt anderen – zu erleiden haben. Wie wir es je verhindern können, wissen wir nicht. Wir wissen nicht einmal, wie wir es vorher zuverlässig erfahren können. Und selbst sofern wir Informationen haben, sind wir um die Konsequenzen meist verlegen, weil wir die Informationen kaum einordnen, kaum also werten können und weil es dann noch ein weiter Weg zu Taten bleibt.

Unter diesen Bedingungen der rasch zusammenwachsenden Welt ergibt sich aus diesen und anderen Gründen mindestens in politicis ein Zusammenhang zwischen totaler Ohnmacht und totaler Verantwortung und, primärer noch: zwischen totaler Verantwortung und weitgehender Blindheit. Unter solchen Umständen ist der, der noch am ehesten etwas ausmachen und Möglichkeiten zur Einordnung der Erscheinungen vermitteln kann, berufen, dies auch zu tun. Das betrifft den Historiker mit in der ersten Linie.

Dabei ist Verantwortung – wie immer in solchen Fällen – nach einem Als-Ob zu bestimmen: Als ob es vom Einzelnen abhängt, wie die Zeit weitergeht. Kein Mensch weiß, woraus das geistige Leben einer Gesellschaft sich je zusammensetzt und speist. Ohne alle Selbstüberschätzung muß man also schon so tun, als ob das Wirken des Einzelnen etwas ausmacht.

Wollte einer diese Argumente nicht anerkennen – und was spricht schon für Argumente, die auf der Hand liegen? –, so müßte man ihn wohl auf die Implikationen hinweisen, die noch die am weitesten abgewandte Art historischer Forschung und Darstellung heute machen muß.

Der Historiker entnimmt seiner Zeit notgedrungen die Worte, in denen er sich ausdrückt, selbst wenn er sich noch so sehr in »quelleneigener Begriffssprache« tummelt. Dabei wird es notwendig, daß er prüft, ob sie passen, oft: ob sie noch passen, und damit ist er dann schon auf dem Feld gegenwärtiger Sprach- und Sachkritik. In einer Zeit, in der die Dinge auf ihre Weise einfach lagen, 1934, hat Brecht gesagt: »Wer in unserer Zeit statt Volk Bevölkerung und statt Boden Landbesitz sagt, unterstützt schon viele Lügen nicht.« Wenn dagegen Manipulation nicht mehr an große, gefährliche »Weltanschauungen«, sondern an primitivere, harmlosere und dem Schein nach allgemeingültig-gute Antriebe, Wünsche oder Werte anknüpft – wie Ordnung, organische Entwicklung, Harmonie, Frieden, Normalität – und mit all dem Dinge bezeichnet werden, die höchst unordentlich, unfriedlich, unorganisch und gar nicht normal sind, wenn Worte wie Krieg gedehnt werden, um nichts Geringeres als die Ausrottung ganzer Völker zu bezeichnen, wenn Freiheit für Anarchie gesetzt wird – oder auch für Herrschaft –, wenn also Worte in bisher ungekanntem Ausmaß zu Huren werden, dann ist es wohl nicht mehr möglich, arglos zu sein. Dann hat man, indem man von Geschichte spricht, nur noch die Wahl zwischen Komplizenschaft und Kritik, zwischen einem Stück erfüllter und einem Stück verfehlter zeitgenössischer Verantwortung also.

Das Gleiche läßt sich an den Vorstellungen vom Gang der Geschichte zeigen. Nur ein Hinweis: Seitdem die Annahme des beherrschenden Einflusses maßgeblicher Männer ganzen Völkern zum Alibi für die – ja, man kann es fast nur vom rezipierenden Menschen her beschreiben –, für die entsetzlichsten Massenmorde geworden ist, sind alle expliziten und impliziten Aussagen über das Verhältnis zwischen mächtigen Einzelnen und ihren Gruppen, Gesellschaften oder Staaten aus dem Stadium der Unschuld heraus: Wie es damit steht – und es kann fraglos recht verschieden damit stehen –, hat Gegenstand sehr intensiven Fragens und genauer Begründung und Abgrenzung zu sein, muß notfalls offen gestellt (nicht nur: offen gelassen) werden, sonst könnte man sich wiederum einer Komplizenschaft schuldig machen.

Weiter: Wer sich an seine Zeitgenossen wendet, antwortet in irgendeiner Form auf Erwartungen, übernimmt also leichtgängige Scheidungen zwischen Selbstverständlichem und Nicht-Selbstverständlichem, obwohl das Selbstverständliche sich vielleicht gar nicht so sehr von selbst versteht. Aber die gängige Scheidung übt doch einen unter Umständen mächtigen Druck aus und kann das Bild, das man sich von anderen Zeiten macht, entscheidend bestimmen. Die gleiche Zeit erscheint völlig anders, wenn man von dem Gegensatz Autorität – Anarchie ausgeht, als wenn das Gegensatzpaar Anarchie – Nihilismus aktuell ist. Carl Schmitt hat 1950 geschrieben: »Im Vergleich zu dem Nihilismus einer mit modernen Vernichtungsmitteln sich durchsetzenden zentralisierten Ordnung kann die Anarchie den verzweifelten Menschen nicht nur als das kleinere Übel, sondern sogar als ein Heilmittel erscheinen.« Zu solcher Schätzung der Anarchie sind natürlich immer nur Minderheiten in der Lage, aber als Beispiel für die Implikationen aus zeitgenössischen Erwartungen kann der Satz wohl dienen.

Endlich geht der Historiker gern und nicht ohne Grund von der Forderung der Werturteilsfreiheit aus. Seit der Zeit aber, da Max Weber diese Forderung aufgestellt hat, hat auch sie ihre Unschuld eingebüßt. Es hat sich nämlich, wie der Marburger Soziologe Werner Hofmann es formuliert hat, gezeigt, daß normalerweise – und keineswegs im Einklang mit diesem Konzept – der des eigenen wertenden Urteils sich Enthaltende die etablierten Wertungen rezipiert. Werturteilsfreiheit aber, die nicht mehr Freiheit zur Kritik der Werturteile bedeutet, ist eben hierdurch Freiheit vom Urteil über Werte. Der Wissenschaftler tritt aus dem Wertverhältnis nicht heraus. Vielmehr überkommt ihn dieses Verhältnis jetzt: Er findet sich gegeben an das, was er nicht zu seiner gegebenen Sache gemacht hat.

Kein Historiker kann also auf geradem Wege und ohne zu versagen seiner Zeitgenossenschaft entkommen. Er ist immer und zumal heute auf vielfältigste Weise seiner Gegenwart anheimgegeben. Er hat nur die Wahl, ob er sich dessen bewußt ist oder nicht, ob er die damit gegebenen Bedingungen reflektiert oder nicht, das heißt, ob er auf der Höhe seiner Zeit ist oder – unter Umständen weit – dahinter zurückbleibt. Reflektiert er diese Bedingungen aber, und ich denke, er sollte sich für diese Wahl entscheiden, so kann dies nur kritisch geschehen. Daß er sie aber kritisch reflektiert, ist zugleich ein Stück seines Berufes und seiner Verantwortung als Zeitgenosse.

Worin besteht aber nun die Verantwortung gegenüber der eigenen Gegenwart, die dem Historiker zu vindizieren ist? Man könnte meinen – und hat es bedauerlicherweise oft genug gemeint –, der Historiker solle je nach den Bedürfnissen der Zeit Nützliches, Anspornendes, Bestätigendes hervorheben und Schädliches, Störendes, Deprimierendes unterdrücken. Dieser Meinung aber tut man schon zu viel Ehre an, wenn man überhaupt auf sie eingeht. Etwas anders steht es mit der Behauptung, die Wilhelm Hennis neulich vorgebracht hat: Man solle der Wirklichkeit gar nicht immer sagen, wie sie ist. Das bezog sich auf die Gegenwart und leuchtete als polemische Gegenposition gegen eine gängige Entlarvungswollust ein. Aber es war fahrlässig formuliert. In Wirklichkeit kann Hennis' Gedanke nur meinen, daß man die Gegenwart nicht von *utopischen* Idealen her entlarven soll. Daß man vielmehr Wirklichkeit nur unter Berücksichtigung der Tatsache, wie Wirklichkeit normalerweise ist oder, besser: sein kann, beschreiben soll.

Wer etwa die Sitten beschreiben will, die gegenwärtig die Politik beherrschen, hat nur die Wahl zwischen der Feststellung ihrer – wie auch immer im Einzelnen gearteten – Roheit, des sträflichen Leichtsinns, der Gedankenlosigkeit, um von Schlimmerem zu schweigen, und der Unwahrhaftigkeit, das heißt auf die Dauer der Unglaubwürdigkeit, zuletzt also der Wehrlosigkeit gegenüber denen, die dann von der Gegenseite, also ohne jedes Verständnis, sagen, wie die Wirklichkeit wirklich dann erscheinen muß, wenn selbst die, die es besser wissen sollten, sich ans Vertuschen machen, also annehmen, daß diese Wirklichkeit nicht mehr die Wahrheit über sich selbst verträgt.

*

Insgesamt gibt es, wie man es auch wendet, kein Argument dafür, daß die zeitgenössische Verantwortung des Historikers darin bestehen darf, Geschichte zu verfälschen beziehungsweise Dinge zu apportieren oder zu deportieren, gerade wie es einer allzu gegenwärtigen Gegenwart recht ist. Man kann sich ausmalen, wohin das führt. Vestigia terrent.

Vielmehr kann der Historiker seiner Verpflichtung gegen seine Gegenwart nur gerecht werden, indem er seine Wissenschaft recht treibt: frei von Druck und Versuchung und Rücksichten auf Erwägungen, die nicht seines Berufes sind.

Aber, so könnte man jetzt fragen: Versteht sich das nicht von selbst? Wozu braucht man ihm dann noch seine Verantwortung als Zeitgenosse als Forderung an seine Wissenschaft vorzuhalten? Wenn ihn Sprachkritik und Klarheit über etablierte Werturteile vielleicht gegen die Gegenwart abschirmen sollten, kann er sich denn dann nicht wieder seinem trauten Umgang mit der Vergangenheit hingeben?

Ich möchte das entschieden bestreiten. Und ich möchte meinen, daß die Wissenschaft von der Geschichte recht betrieben werde (und daß sie überhaupt als Wissenschaft getrieben werde), sei etwas, was sich heute und unter den angedeuteten Umständen ganz und gar nicht von selbst versteht. Damit sie recht getrieben werde, muß sie vielmehr unter anderem bewußt – viel bewußter jedenfalls als bisher – von der Verantwortung des Zeitgenossen ausgehen.

*

Will der Historiker seine Wissenschaft recht treiben und zugleich: will er seiner Verantwortung als Zeitgenosse gerecht werden, so hat er vor allem dreierlei Arten von Forderungen zu erfüllen: sachliche, ethische und darstellerische. In allen drei Hinsichten besteht heute ein erhebliches Defizit. Alle drei hängen zusammen, sind drei Seiten einer Sache und ziehen, genau bedacht, sehr weittragende Konsequenzen nach sich.

Vergegenwärtigen wir uns zunächst unsere Lage im Hinblick auf die in engerem Sinne sachlichen Erfordernisse. Die Geschichte der letzten Jahrzehnte hat – und die Geschichte unserer Tage setzt dies in zunehmendem, betäubendem Tempo fast von Tag zu Tag fort – bald alle einigermaßen gesicherten, selbstverständlich und klar gewordenen Begriffe und Vorstellungen aufgelöst und durcheinandergewirbelt, so daß jetzt alles fließend und unübersichtlich geworden ist. Hofmannsthal sprach schon 1926 von der »indefiniten formlosen Materie unserer Welterfahrung«, dem »Unmeßbaren, das den Bezirk unseres Daseins überflutet«.

Hinter uns liegt – in immer weiterer Ferne – ein Zeitalter klassischer, das heißt eindeutiger und treffender Unterscheidungen. Innenpolitik und Außenpolitik, Krieg und Frieden, Aggression und Überfallenwerden, während des Krieges Militär und Zivil, Neutralität und Nichtneutralität, Recht und Unrecht, Staat und Gesellschaft, Regierung und Parlament beziehungsweise Opposition, weitgehend sogar Schuld und Unschuld, Mensch und Umwelt – wie klar und erfrischend rein war das zu scheiden nach einer doch wohl glücklichen Geschichte und jahrhundertelanger Gedankenarbeit einer großen europäischen Tradition, die es ermöglichte, ohne allzu große eigene Anstrengung, fußend auf einem sehr breiten Bereich von Selbstverständlichkeiten, geistig Herrschaft über die Dinge zu gewinnen. Ein im Ganzen in sich stimmiges System von Begriffen, ein Beziehungssystem, in dem alles irgendwie seinen Platz fand, war vorhanden. Institutionen beziehungsweise ein System von Institutionen, die in weiten Bereichen das Nachdenken erübrigten und damit Kraft freisetzten für einen begrenzten Bereich, in dem man fruchtbar arbeiten, Übersicht gewinnen konnte und in dem eine große, in manchem übernationale Gesellschaft in – zuletzt freilich hohl gewordener – Selbstsicherheit sich als Herr der Welt fühlen und der Einzelne Persönlichkeit sein konnte. Höchstes Glück der Erdenkinder. Hofmannsthal spricht vom »Begrenzten, in dem allein wir geistig zu fußen vermögen«.

Man brauchte seinen Tag nicht zu beginnen mit der Erfahrung eigener Unzulänglichkeit, wie sie heute schon die Lektüre der Zeitung jedem anspruchsvollen Leser vermittelt: dem Gefühl mangelnder Informiertheit, der Unmöglichkeit, über die Fülle des vielfältigen Geschehens Überblick zu gewinnen, sich wahr-nehmende Vorstellungen zu machen und die einzelnen Erscheinungen irgendwie einigermaßen gültig einzuordnen.

Wenn Alexander Mitscherlich beobachtet, daß »es die meisten Menschen kaum danach verlangt, ... sich ein zusammenhängendes Bild von den Kräften zu machen, die

zu unseren Lebzeiten den Gang der Geschichte beeinflus-
sen«, so ist dies teilweise selbstverständlich (soweit es die
vielen betrifft), teilweise eine natürliche Folge der Überforderung der lebenden Generation, teilweise aber gewiß auch
die Nachwirkung einer Zeit, die im Begrenzten, in Gewißheit unzähliger Selbsverständlichkeiten relativ sorglos da-
hinleben durfte. Das Ganze war ja klar.

Die gleiche Zeit war zunächst realiter, dann in nach-
wirkenden Vorstellungen dadurch bestimmt, daß eine auf-
strebende breite Gesellschaft das mangelhaft gewordene
Bestehende verbesserte. Jede Zeit hat banalerweise ihre
großen Mängel. In den Zeiten aber, wo eine wirkliche Er-
neuerungsbestrebung im Gang ist, besteht die Chance großer Verbesserungen – bis diese wieder alt geworden ist.
Wie einfach war das im 19. Jahrhundert. Die liberale Bewegung war kräftig. Was sie brauchte, war zum Beispiel Pressefreiheit, dann war das Pressewesen schon in Ordnung.
Oder die Garantie des Eigentums, dann war die Eigen-
tumsordnung schon gesichert. Will man dagegen heute
Eigentum und Pressefreiheit sichern, begegnet man Tatbe-
ständen, die kaum normierbar sind. Man braucht zunächst
einmal die umfänglichsten und schwierigsten Analysen
von Gegebenheiten, wo man sich früher auf Grund günsti-
ger Gegebenheiten mit der Durchsetzung einfacher Nor-
men begnügen konnte. Und so in allem: eine Zeit der Be-
grenztheit, der klaren Unterscheidungen, der günstigen
Gegebenheiten (bei all ihren – zuletzt verhängnisvollen –
Mängeln).

Dieses 19. Jahrhundert nun als die normale, die wirklich wohl gute alte Zeit steckt uns noch allenthalben in
den Knochen, obwohl sich nun bald die vierte Generation
dagegen absetzt. In den Knochen der Konservativen als

sicherer Ort, wohin man doch endlich einmal müsse zu-
rückkehren können, in denen der Progressiven als Lehr-
meister und Erblasser des Theorems vom Fortschritt des
Menschengeschlechtes; innerhalb dessen auf seine Weise
wieder alles begrenzt und einfach ist. Man sagt heute, wir
hätten die Nachkriegszeit allmählich hinter uns. Vielleicht, wenn wir uns denn endlich der Kriegszeit richtig
konfrontieren wollten. Aber wie wir in Wirklichkeit noch
stark an der Nachkriegszeit laborieren, so sind wir zugleich eine Nach-gute-alte-Zeit-Zeit. Musil hat sich dem
schon 1923 entgegenzustellen versucht, indem er sagte:
Wir sind eine Frühzeit! Was die Barbarei angeht, leuchtet
das wohl jedem ein. Man sollte es sich aber auch zur
Richtschnur nehmen, um mit der Nachkriegs- und der
Nach-gute-alte-Zeit-Zeit in uns aufzuräumen.

Inzwischen sind weitere 45 schlimme, mörderische,
sinn- und verstandbetäubende Jahre ins Land gegangen.
Man lebt mit der Krise, scheinbar sogar recht gut. Aber
das ändert nichts daran, daß alle die Scheidungen, die klaren Begriffe und Vorstellungen dahin sind. Kennzeich-
nend ist etwa die Konvergenz aller Scheidungen. Ernst
Forsthoff hat sie jüngst an einem aktuellen Beispiel klar-
gemacht: »Längst ist die Bildungspolitik nicht mehr das,
was ihr Name sagt. Hier geht es vorwiegend um die
Schaffung von Aufstiegschancen (Sozialpolitik) und die
Sicherung des Nachwuchses (insoweit vorwiegend Wirt-
schaftspolitik).« Das Gleiche fast wie Konvergenz meint:
Interdependenz, mit Recht eines unserer großen Mode-
worte – komplizierteste Zusammenhänge sind jedenfalls
das Signet unserer Welt.

Es fehlt an den simpelsten Begriffen. Was heißt noch
Staat? Wie viel ist vom klassischen Staatsbegriff noch üb-

rig? Ist vielleicht der Staat dabei, mit Wirtschaft, Sozial-
leben und Kultur zu einer neuen, heute noch nicht be-
nennbaren Einheit zusammenzuwachsen (Forsthoff)?

Und betrachtet man es von außen: Kann man noch
von einer Staatengesellschaft sprechen – und nicht eher
schon von Räumen, in denen Staatsinneres und Über-
staatliches (wie man bisher sagen würde) zu ganz neuen
Einheiten verfließen? Was bedeutet Friede, Völkerrecht,
Politik? Und was die Politik angeht: Wie scheidet sich das
in Regel und Ausnahme? Denn von der Regel und deren
Tendenzen darf man sich ja nicht täuschen lassen: Es korrespondiert ihr immer eine Ausnahme. Was ist eine Weltmacht, wenn die stärkste Weltmacht Dinge tut, die man
nur als Reaktion der Schwäche bezeichnen kann, so kräftig
sie sich geben? Wird es ohne Weltmächte gehen? Bedeutet
das Vorhandensein von über hundert Staaten einen Umschlag von der Quantität in die Qualität, wie etwa vom
Kammerorchester zum Riesenorchester einer Wagner-
Oper? Was ist mit unseren Vorstellungen von Innenpolitik? Bisher konnte man als Faustregel angeben: Frage nach
den jeweils vorhandenen Parteien. Heute fragt sich, ob
man sich damit nicht schon den Zugang zu den Haupt-
merkmalen einer politischen Grammatik verbauen kann.
Oder: Frage nach den herrschenden Schichten! Wenn es
das aber nicht gibt? Als Kafka ein Bild des Malers George
Grosz sah, das einen Kapitalisten mit einem Arbeiter an
der Kette darstellte, hielt er das für einseitig: Der Kapita-
list sei nämlich seinerseits an einer Kette. Das ist vermutlich besser beobachtet, als es die harmlosen neomarxisti-
schen Analysen unserer Zeit tun. Jedenfalls aber müssen
unsere Fragen jeweils sehr viel elementarer ansetzen: Wie
weit ist ein Establishment personifizierbar – wie weit ist

es ein übergreifendes System, innerhalb dessen selbst die Herrschenden nur Funktion sind?

Oder ein beliebiger Einzelfall: Was ist eine Generation? Ist es wirklich ausgemacht, daß das 30 Jahre dauert (vom einfach Biologischen abgesehen)? Wie schnell ändert sich eine Zeit? Mit welcher Beschleunigung geht ihr Prozeß dahin? Wo sind Kriterien, um das zu bestimmen?

Mit der neuen Tiefendimension, die Geschichte inzwischen gewonnen hat, veränderte sich Religionsgeschichte von der Geschichte der Kulte zur Frömmigkeitsgeschichte. Geistesgeschichte hat nicht mehr nur die Wandlungen des Inhalts des Bewußtseins, sondern auch seiner Struktur zum Thema. Die Variationsbreite menschlicher Möglichkeiten ist zum Problem geworden, seitdem man weiß, daß dieses Wesen – um Musils Worte zu zitieren – »ebenso leicht der Menschenfresserei wie der Kritik der reinen Vernunft fähig ist«. »Man soll nicht immer denken, daß es das tut, was es ist, sondern es ist, was es – aus Gott weiß welchen Gründen – tut!«

In diesen Worten artikuliert sich die Erfahrung des Ersten Weltkrieges und der unmittelbar folgenden Zeit. »Wir waren vielerlei – im Krieg – und haben uns dabei nicht geändert, wir haben viel gesehen und nichts wahrgenommen.« Musil sagt, darauf gebe es nur eine Antwort: »Wir besaßen nicht die Begriffe, um das Erlebte in uns hineinzuziehen …« Der Mensch bewegt sich leicht zu den äußersten Extremen und wieder zurück, ohne sich im Wesen zu ändern. Er *ändert* sich, aber er ändert nicht *sich*.

Und endlich, wie Paul Valéry sagte: Auch die Zukunft ist nicht mehr, was sie einmal war.

*

Gewiß braucht eine Gesellschaft, um sich zu ändern, das heißt nur: um Konsequenzen aus veränderten Lagen zu ziehen, Begriffe. Sie braucht sie schon dazu, um zu wissen, was in ihr vorgeht, was eigentlich los ist, um ihre Welt zu begreifen. Hier steckt eine erste, höchst umfassende Forderung an die Verantwortung des Zeitgenossen.

Aber fordert die Wissenschaft des Historikers vielleicht etwas anderes?

Nachdem und während man erkannte, wie fragwürdig der Begriff Staat ist, fand man, daß man – unter Übernahme oder einfacher Ablehnung dieses Begriffs – die Gemeinwesen des Mittelalters verkannt hatte. Die Auflösung des Begriffs Staat wirkt sich also in der Mediävistik aus, und zwar höchst fruchtbar, und wenn sie die Alte Geschichte noch nicht betroffen hat, so nur, weil diese schon seit Jahrzehnten in sich versunken ist. In Wirklichkeit stellt sich heute die Frage neu, womit wir es bei *polis*, *res publica* und *imperium* zu tun haben. Sie kann gar nicht übergangen werden – sowohl weil der Begriff Staat heute für uns seine Eindeutigkeit verloren hat als auch weil mit dem Schwinden der alten Selbstverständlichkeiten auch in der Vergangenheit Dinge zum Vorschein gekommen sind, die unbekannt waren und nun dringend nach Erklärung und Einordnung verlangen.

Und wiederum so in allem! Seitdem man wieder gewahr wird, wie innig und vielfältig sich Innen- und Außenpolitik durchdringen können, wie wenig dabei, wenn man die bisherigen Maße anwendet, das eine zum anderen geradezu passen muß, was es jeweils ausmachen kann, wenn dies oder jenes prävaliere – seitdem stellen sich auch in der Geschichte des klassischen Griechenlands viele Probleme neu. Die Durchbrechung der Scheidung von innen und außen legt auch in der archaischen griechischen Geschichte neue Aspekte frei – oder, wenn man ohne Blick auf die Gegenwart darauf kam, so können sich doch die Erkenntnisse hier und dort befruchten. Die Verquickung äußerer und innerer Kriegführung schafft einen Kriegstyp, an den man zuletzt doch wohl zu wenig gedacht hat, der aber den Peloponnesischen Krieg neu verstehen lehrt. Etwas überspitzt gesagt: Durch den Krieg unserer Tage wird auch der Peloponnesische Krieg ein anderer.

Man mag das zugeben, aber diese Dinge für Einzelheiten halten und wird dann vielleicht trotzdem meinen, daß unsere Gegenwart als eine im Ganzen unvergleichliche Zeit doch in ihren Wesenszügen wenig für den Umgang mit der Vergangenheit hergebe. Das Gegenteil aber ist der Fall. Seit dank der Technik in verschiedenen Gesellschaften, aufs Ganze gesehen, Mangel an Mangel herrscht, stellt sich die Frage nach dem Mangel neu – und man versteht die späte römische Republik als Parallelfall und andere Zeiten in ihrer Andersheit neu. Seit eine Manipulation weite Teile der Menschheit bestimmt, die so tief geht, daß man nicht nur tut, sondern auch denkt, fragt und wünscht, was man soll – eine süße Knechtschaft, die kaum merklich unter die Haut geht und die Scheidung von Innenwelt und Außenwelt stark dezimiert –, stellen sich viele neue Beobachtungen auch in der Geschichte ein. Mindestens aber ist für frühere Gesellschaften nun anzugeben, daß sie solche Manipulation nicht oder kaum kannten, sonst entstehen Mißverständnisse.

Gleichzeitig veranlaßt die relativ unvergleichbare Gegenwart zu einer neuen Überprüfung allgemeiner Aussagen. Man muß vorsichtiger werden und unter Umständen dem »immer« ein »bisher« anfügen. Im Blick auf die bisherige Geschichte konnte man etwa sagen: Immer wenn in kritischen Zeiten die moralische Besserung des Menschen, Pädagogik also, den hervorragendsten Geistern als der hauptsächliche Ausweg erschien, ist die Lage hoffnungslos. Vielleicht, hoffentlich, gilt das heute nicht mehr, so daß der Abschied von der bisherigen Geschichte auch neue positive Möglichkeiten eröffnet.

Man könnte die Reihe der Beispiele hier noch lange fortsetzen, es ergibt sich jedenfalls, daß unsere Gegenwart unsere Beschäftigung mit der Vergangenheit aufs stärkste beeinflußt, und zwar insbesondere deshalb, weil sich heute so verschwindend wenig noch von selbst versteht und weil wir alles viel tiefer, elementarer anpacken müssen und überall eigentlich von vorne das Buchstabieren eines gleichsam bisher hinter dem konventionellen versteckten Alphabets lernen müssen. Nein, falsch: Es gilt mühsam ein neues Alphabet herzustellen. So sehr also die Betrachtung von Gegenwart und Vergangenheit sich vielfältig voneinander unterscheidet, theoretisch stellen sich hier wie dort die gleichen Probleme. Dies und jenes beleuchtet sich gegenseitig. Und es ist ein Gebot so sehr unserer Wissenschaft wie unserer zeitgenössischen Verantwortung, daß wir diese Situation bewußt annehmen.

Das bedeutet aber, daß wir uns eine historische Theorie erarbeiten, genauer gesagt: daß die Geschichte sich zu fragen entschließt, womit sie es eigentlich zu tun hat. Vielleicht ist es besser, dies zuerst an Beispielen zu erörtern. Es leuchtet wohl jedem ein, daß ein Historiker wissen muß, was Herrschaft ist. Man kann überlegen, ob man den Begriff enger fassen will – so daß etwa gewisse totalitäre Herrschaften herausfallen und man dort eher von

Systemen spricht und im Herrschaftlichen ein Element sieht, das in bestimmten Portionen je vorhanden ist. Man kann auch anders vorgehen. Jedenfalls sollte man einen gewissen Überblick darüber haben, welche Möglichkeiten von Herrschaft bestehen – weil damit erst der Horizont bestimmt ist, von dem man in dieser Hinsicht über eine einzelne Herrschaft sprechen kann. Man müßte auch einmal fragen, ob es in Hinsicht auf Herrschaft vielleicht ein Gesetz von der Erhaltung der Materie gibt: bald ist sie konzentriert, bald verteilt, bald offen, bald versteckt, bald nach innen, bald nach außen gewandt, aber in der Summe ist sie vielleicht gleich. Ebenso sollte man wissen, was das Politische ist oder sein soll. Die Frage hat zu tun mit der nach dem Verhältnis von Rationalem und Irrationalem. Denn durch Politisierung gerät noch die rationalste Sache unter Gesetze, die stark irrational sind, was zu wissen mitunter gut ist. Ich übergehe die weiteren Fragen, die sich hier eröffnen, möchte nur fragen, ob man nicht neben »Übungen zur späten römischen Republik« künftig sehr stark auch »Übungen zum Begriff des Politischen« oder zum Problem der Herrschaft abhalten soll, wobei man an ausgewählten Beispielen operativ die Sache lernt und durchprobiert.

Weiter: Zur Bestimmung des Grundcharakters einer Zeit sollte man eventuell eine andere Frage durchprobieren, die nach der Mensch-Dinge-Relation. Wie steht der Mensch – der Einzelne, gewisse Gruppen oder breitere Gesellschaften – zu den Dingen, den Aufgaben und Nöten der Zeit? Hat er Mittel, sie zu erkennen und zu bewältigen oder nicht? Eine Frage, die sich gar nicht von selbst versteht angesichts der Verbreitung des Denkens vom grünen Tisch, das sich, je weniger es vermag, um so mehr in die Pose des »Das machen wir schon« wirft, angesichts aber auch der von der Technik bewiesenen Machbarkeit vieler Dinge. Bei genauerem Zusehen findet man hier neue Maßstäbe für die Beurteilung von Solon wie Caesar, von mittelalterlichen Kaisern wie von Politikern unserer Tage. Wahrscheinlich auch ein Indiz, um doch – Jacob Burckhardt möge es dem, der von heutigen Erfahrungen her spricht, verzeihen – glückliche von weniger glücklichen Zeiten zu unterscheiden.

Ein allgemeineres Problem historischer Theorie wäre neben vielem anderen das der politischen Grammatik.

Weithin herrscht in diesem Punkt noch die Auffassung vor, die Johann Christoph Gatterer i.J. 1767 so ausdrückte:

»Der von den Geschäften der Welt entfernte Geschichtsschreiber kann sich in der historischen Philosophie, in der Kunst des Pragmatischen üben, wenn er über die Gegebenheiten seines eigenen Lebens, seiner Familie, seiner Freunde systematisch nachdenkt. So groß auch der Unterschied zwischen dem Catheder und dem Thron, zwischen dem Hausvater und dem Könige hierin zu sein scheint, so kommt es doch hier nur auf den Grad des Mehreren und des Wenigeren an. Sonst gilt es überhaupt von allen Gegebenheiten, sie seien groß oder klein: eadem res agitur.« Ganz ähnlich äußert sich übrigens Mommsen. In Wirklichkeit sind die Unterschiede ja aber wohl wesentlich größer. Gegenüber dieser Auffassung gilt es nicht nur im allgemeinen Kategorien, Möglichkeiten und Gesetzmäßigkeiten des politischen Lebens zu erarbeiten, sondern auch im Besonderen für jede Zeit deren politische Grammatik kennenzulernen. Dazu gehört etwa die Lagerung der Macht (ist sie konzentriert oder breit gestreut, ist sie integriert, oder liegt vieles von ihr auf der Straße für den bereit, der es sammeln kann – so daß die Situation recht unstabil ist). Dazu gehört weiter die Frage nach dem möglichen Themenkreis der Politik, Art der Gruppierungen, wobei man zu sehr elementaren Grundzügen zurückfragen kann. Dabei ergeben sich etwa allgemein Einsichten in das Problem, wann überhaupt dauerhafte Gruppierungen möglich sind, welches die Bedingungen einer breiteren Willensbildung sind, und im Besonderen ergeben sich zahlreiche Indizien zur genaueren Erkenntnis politischer Situationen und Abläufe und ganzer Zeiten.

Sagt man nun aber laut, daß man dieses und Ähnliches gerne wissen möchte und daß es erarbeitet werden müsse, so bekommt man dann gern erwidert: Das sei gar nicht Sache der Geschichte, sondern der politischen Wissenschaft und der Soziologie oder auch der Rechtswissenschaft. Dagegen ist jedoch zu fragen, was denn dann eigentlich die Sache der Geschichte sei. Etwa die Steine, auf denen historische Inschriften geschrieben sind, oder die Tinte, mit der der Kaiser Franz Joseph in Bad Ischl das Ultimatum an Serbien unterschrieb? Oder, etwas entgegenkommender formuliert: die Kritik der Überlieferung, die dann am Ende nur kritisierte Überlieferung, nicht aber eine Kenntnis von Personen, Sachen, Vorgängen, Zuständen ergibt – jedenfalls keine theoretisch fundierte. Und außerdem: Wenn denn diese Dinge nicht Sache der Geschichte sind, wie kommt es dann, daß Historiker Biographien von Perikles oder Geschichten der Französischen Revolution schreiben, in denen man doch wohl nicht umhinkann, von Staat, Politik, Massenreaktionen einigermaßen sachkundig zu berichten? Was soll das für eine trostlose Wissenschaft sein, für die dort, wo ihre Sache anfängt, ihr Bereich aufhört?

Nein, solche Anschauungen mögen dem Zeitalter der Unschuld – wie Carr das 19. Jahrhundert nennt – angemessen gewesen sein. Damals ergingen sich die Historiker »im Angesicht des Gottes der Geschichte ... im Garten Eden ohne jeden Fetzen Theorie zu ihrer Bedeckung und schämten sich ihrer Blöße nicht«. Heute sollten sie sich schämen und ihre *Sache* zu *ihrer* Sache machen. Tun sie's nicht, so bedeutet das, daß die Geschichtswissenschaft nicht mehr nennenswert ist, eine Liebhaberei und für viele leider auch – so lange es Unterrichtsfach ist – eine Quälerei, sonst nichts.

Um es zusammenzufassen: Wir brauchen eine Theorie. Das beginnt mit einer einfachen Forderung; es müßte nämlich der *Grundsatz der Angemessenheit der Aussage an den Gegenstand* aufgestellt werden. Aber so banal das klingt, so hart werden die Widerstände sein, auf die schon dieses stößt. Dem steht nämlich das alte Präzisionsideal im Wege, das sich an den weniger relevanten Aussagen gebildet hat. Relevante Aussagen sind im allgemeinen weniger präzise. Dann beginnt es beim rechten Historiker schon zu flimmern. Dies Flimmern und das Unbehagen derer, die sich an diese Dinge wagen, muß aufhören.

Dann muß an den Begriffen gearbeitet werden. Das beginnt mit der Reflexion, was ein Idealtypus ist, welche verschiedenen Arten es davon gibt und wieviel sie leisten können. Was machen wir etwa mit dem Staat? Lösen wir vom eigentlichen, modernen Staat einen Idealtypus ab? Bilden wir vielleicht besser einen Typus Staatlichkeit, um die staatlichen Züge klar herausarbeiten zu können und dann jeweils im Einzelnen ihren Stellenwert zu bezeich-

nen? Und wo können wir uns mit historischen Typen helfen, etwa dem der griechischen Polis?

Alle Einzelheiten beiseite: Am Ende muß eine – übrigens bewegliche, vielleicht gar »motorisierte« – historische Theorie stehen. Das kann nur in engster Orientierung auch an der Gegenwart erreicht werden, wobei dann
vermutlich von selbst nicht nur der Effekt, sondern auch
die unmittelbare Absicht, zur Beleuchtung der Gegenwart
beizutragen, sich einstellen wird. Wichtig ist das Zusam-
menwirken mit den Wissenschaften, die zugleich die Sache der Geschichte betreffen: Soziologie, Politik, Anthro-
pologie, Psychologie, wobei eine gegenseitige Überlappung
eintreten wird, die Geschichte aber durchaus ihr Eigen-
recht behält als eine die verschiedenen Zeiten zusammen-
fassende Wissenschaft und als *die* Wissenschaft, die eben
das Vergangene liebt und verwaltet. Früher galt einmal
eine Konkurrenz zur Soziologie innerhalb der Vergangenheit, man meinte, diese sei auf generelle, die Geschichte auf individuelle Aussagen aus. Das hat sich verloren, seitdem die Soziologie sich im wesentlichen mit der
Gegenwart beschäftigt, wobei ihr einer Hauptzweig, indem er seine Fliegenbeine zählt, so speziell ist, wie Geschichte kaum je sein kann, und der andere sich derart in
seine Dogmen verliert, daß der Ausdruck generell für
seine Aussagen fast schon zu speziell ist. Daran wird sich
so bald nichts ändern, und wenn dies geschieht, kann sich
fruchtbarste Zusammenarbeit und Ergänzung ergeben.

Zwei Dinge sind dabei besonders zu beachten: 1. Die
Geschichtswissenschaft muß auch über ihr Verhältnis
zur Gesellschaft nachdenken. Und sie wird damit zu
einer erweiterten Sichtweise finden. Sie wird dann – grob
gesagt – historischer sein, als die Geschichtswissenschaft

des sogenannten historischen Jahrhunderts es je war. 2. Die Geschichte soll wieder eine auf Menschen bemessene Wissenschaft werden. Sie ist weder für Übermenschen oder Götter noch für Computer oder Enzyklopädien da. Sie muß in ihren wesentlichen Ergebnissen und Anschauungen also überschaubar, begreifbar, mitteilbar, kontrollierbar sein – für die Historiker nicht nur (was schon viel wäre), sondern für jeden Interessierten. Anders ist auch kein Studium mehr möglich, sondern nur noch die Versorgung studentischer Konsumenten bei akademischen Detailhändlern mit historischem Pensum. Schon 1873/74 hat Friedrich Nietzsche in Basel von den ungeheuren Mengen von unverdaulichen Wissenssteinen gesprochen, »die dann bei Gelegenheit auch ordentlich im Leibe rumpeln, wie es im Märchen heißt«. Seien wir also keine Geißenmütter! Halten wir die Studenten nicht für Wölfe! Halten wir es besser mit Lytton Strachey, der sagt, Unwissenheit ist die erste Pflicht des Historikers, Unwissenheit, die vereinfacht und klärt, auswählt und ausläßt. Reduzieren wir nicht immer nur nolens volens unsere Anforderungen im Stofflichen, weil sie doch unhaltbar sind, sondern spannen wir sie auf der anderen Seite an, fordern wir mehr, wo mehr geleistet werden kann, im Theoretischen, dort, wo Geschichte heute noch relevant ist und wo starkes Interesse und Engagement der Studenten liegt.

Mit der Bemessung auf Menschen aber, Studenten zunächst und alle anderen sodann, hängen die zweite und die dritte Forderung zusammen, die hier – leider etwas abgekürzt – nun noch vorzutragen sind.

Die zweite Forderung hätte, grob formuliert, die Wiedereinführung des Ethischen in die Geschichtswissenschaft zum Inhalt. Zwar ist es gewiß richtig, wenn gesagt wird, wir könnten über unsere Vorfahren nicht zu Gericht sitzen. Keine Frage auch, daß es Gesetze der Form in der Historiographie gibt, die einem das Jammern verbieten. Historiker sind schließlich keine Klageweiber. Karl Reinhardt hat einmal geschrieben: Echte Tragik gibt es in echter Geschichtsdarstellung nur, wofern sie dem Historiker (wie dem Politiker) nicht mehr erlaubt ist: dieses Gesetz, im Gegensatz zu Herodot, gilt für die Stufe des Thukydideischen Bewußtseins. Dieser Satz kann analog auch hier angewandt werden.

Dann bleibt es aber andererseits doch auch bestehen, daß ein Verbrechen objektiv nur richtig bezeichnet wird, wenn man es ein Verbrechen nennt. Daran fehlt es aber häufig. Und damit nicht genug: Die ethische Komponente des politischen und sozialen Geschehens wird zur Zeit weithin geradezu sträflich vernachlässigt.

Ein Beispiel für dieses ethische Defizit muß hier genügen: Als Rolf Hochhuth seinen *Stellvertreter* schrieb und alle Welt über ihn herfiel, fand sich unter den mir bekannten Stimmen von Historikern keine, die das Problem an seiner zentralen Stelle erfaßte. Gewiß hatte Hochhuth zwei Dinge wohl zu sehr verquickt: Einerseits die Behauptung, daß der Papst als Stellvertreter Christi unter allen Umständen zu den Judenverschleppungen und -vergasungen hätte Stellung nehmen müssen. Andererseits die, daß er, wenn er Stellung genommen hätte, als irdische Autorität über Millionen Katholiken viele Juden hätte retten können. Dieses kann man wohl bezweifeln, aber jenes bleibt dann doch als ein sehr ernsthaftes Problem bestehen, auch wenn die pragmatische Behauptung von der Macht des Papstes dem Stück vornehmlich seine

Dramatik verleiht. Keiner der Historiker aber, deren Stellungnahme mir bekannt wurde, ist auf die ethische Seite des Problems eingegangen. Sie nahmen alle den Papst als beliebigen Politiker eines beliebigen Staates, der – verständlicherweise – seine Untertanen in gefährlicher Situation zu retten sucht. Wahrscheinlich wollten sie ihm einen Gefallen tun. Aber ich muß gestehen, ich würde mich als Papst für solcherart Gefälligkeiten bedanken.

Diese Stimmen nun können nicht ganz untypisch sein für etwas, was man in der modernen Historie wahrscheinlich für nüchternen Tatsachensinn oder etwas Ähnliches hält: Aufgabe des Historikers ist es, alles zu verstehen. Und: *Tout comprendre c'est tout pardonner.* Auch hier ist es wie bei den Werturteilen: Wenn der, der frei ist von Kritik daran, dem Gegebenen verfällt, so verfällt der, der sich ethischer Urteile enthält, der stets herrschenden Hinnehmerei des Unmoralischen. Die historische Arbeit besteht darin, die Ereignisse immer vollständiger und schlüssiger zu erklären, um damit die Geschichte konsistent zu machen, das heißt aber zugleich zu entmoralisieren. Der »Fall Hitler« ist dann am Ende nicht mehr Gegenstand von Haß, Abscheu, härtester Kritik, sondern eine historisch notwendige Erscheinung. Wenn es gar nicht anders geht, muß man die List des Weltgeistes bemühen – die Auffassung, zu der Siegfried Kracauer gesagt hat, er kenne keine unmoralischere als sie.

Man kann Verbrechen nicht deswegen, weil sie von Politikern begangen wurden, als Naturvorgänge behandeln. Und man kann eine ganze Reihe von politischen Problemen und Vorgängen nicht einfach unter Weglassung normativer Gesichtspunkte betrachten. Was ist eine Darstellung der Französischen oder – noch mehr – der russischen Revolution ohne ein Urteil über die Frage ihrer Notwendigkeit? Woher aber will man die Kriterien dazu nehmen, wenn nicht aus Erwägungen darüber, was der Mensch nicht nur ist oder hat, sondern auch sein und haben soll? Vielleicht kann man sich da nicht entscheiden, aber dann kann man die Sache doch als Problem darlegen. Historie wird keineswegs objektiver, indem sie vom Ethischen schweigt, im Gegenteil, sie wird nur einseitiger, irrelevanter, und zumindest heute macht sie sich einer Komplizenschaft mit Mächten schuldig, die ohnehin schon kaum zu kontrollieren sind. Man mag einwenden, daß wir auf ein Zeitalter neuer Ideologisierung zusteuern und damit Gefahr laufen, durch ethische Stellungnahmen ideologische Differenzen in die Geschichte hineinzutragen. Als ob Enthaltsamkeit von Reflexion über ethische Probleme nicht auf eine andere Art Ideologie hinausläuft! Und auf ein Vakuum, in das dann Menschen, die ganz genau wissen, was gut und böse ist, eindringen. Nein, es ergibt sich auch hier für den Historiker das Problem der Angemessenheit oder Unangemessenheit seiner Aussagen. Und grundsätzlich kann man wohl sagen, daß Entschiedenheit auch im Ethischen besser ist als Verwaschenheit. *Citius emergit veritas ex errore quam ex confusione* – wie Bacon gesagt hat und Droysen gern zitierte.

Alle Einzelfragen dieses Zusammenhangs muß ich hier beiseite lassen, zum Teil gehören sie in die Behandlung des dritten Defizits und des dritten Problems, des darstellerischen, dem ich mich, bevor ich zum Schluß komme, nun noch rasch zuwenden muß.

Die Frage der Darstellung stellt sich nämlich ebenfalls unter den Bedingungen unserer Frühzeit neu. Das beginnt wieder bei ganz einfachen Dingen. Gibt es überhaupt

Worte, mit denen man einigermaßen angemessen beschreiben kann, was in den letzten Jahrzehnten vorgegangen ist? Und was heute vorgeht? Karl Kraus schrieb schon 1933: »Kein Wort, das traf/Man spricht nur aus dem Schlaf/ … Das Wort, entschlief, als jene Welt erwachte.«

Die Erfahrung lehrt, daß Opfer, die relativ entfernt fallen, uns relativ kaltlassen, und Opfer, die massenweise fallen, uns kaum vorstellbar sind. Damit ergibt sich als Problem, wie man von dieser Seite der Geschichte eine Vorstellung geben kann. Wie dringend das ist, braucht kaum gesagt zu werden. Auch hier war unsere Unschuld schon 1914 dahin, als Karl Kraus von der Zeit sprach, »in der eben das geschieht, was man sich nicht vorstellen konnte, und in der *geschehen* muß, was man sich nicht mehr *vorstellen* kann, und könnte man es, es geschähe nicht«. Es geht da um ein Doppeltes: Für Kraus um die Vorstellung des möglicherweise Geschehenden, des Geschehen-Könnenden, die dessen Geschehen hätte verhindern können. Dieses Geschehen-Könnende war schon vor 1914 geschehen, aber vergessen worden, und ist seit 1914 zur Genüge geschehen. Inzwischen also reduziert sich das Problem zum Teil – zum hoffentlich großen Teil! – auf das Historische, die Vorstellung vom Geschehenen, weil dies das Geschehen-Könnende heute doch schon weitgehend impliziert. Es geht um einen Akt der Darstellung, welcher Wahr-nehmung ermöglicht – damit wir nicht auch sagen müssen: Wir haben viel gesehen und nichts wahrgenommen (Musil). Wahrnehmung des Geschehenen wie des Möglichen. Durch Vorstellung.

Nicht zuletzt diese Problematik ist es wohl, die H. Strasburger jüngst zu der Frage führte: Wird der Mensch über Gang und Wesen der Geschichte sachgerechter belehrt durch den Verstand *oder* das Gefühl, durch das Sich-Erheben zu nüchterner Betrachtung der pragmatischen Zusammenhänge von hoher Warte *oder* durch den Versuch, die Realität, welche Geschichte für die von ihr handelnd und leidend Betroffenen hatte, in voller Intensität nachzuerleben?! Er gibt damit einen Unterschied zwischen Thukydides und der hellenistischen Geschichtsschreibung wieder und nennt dies »vielleicht die Kernfrage der Historiographie überhaupt«.

So weit darf man aber wohl nicht gehen. Es ist jedoch, wie schon angedeutet, gewiß ein dringendes Erfordernis, eine Frage der Vollständigkeit nicht im Detail, sondern im Wesentlichen, daß dem Leser historischer Darstellungen eine *Vorstellung* von den Vorgängen gegeben wird, die dort beschrieben sind. Daß hier zugleich eine Frage zeitgenössischer Verantwortung liegt, braucht nach Hannah Arendts Beobachtungen über die Rolle der Gedankenlosigkeit und die Banalität des Bösen nicht eigens mehr ausgeführt zu werden.

Will man jedoch wie die hellenistischen Geschichtsschreiber verfahren und vornehmlich über das Gefühl orientieren, müßte man ein Künstler sein – und wie selten tritt dieser Glücksfall eines historischen Künstlers ein? Die Konsequenz aus der Frage Strasburgers könnte aber vielleicht in etwas anderem bestehen, was auf den ersten Blick schockierend klingt wie eine Barbarei, aber eigentlich gar nicht von der Hand zu weisen ist: Der Historiker sollte ein Verhältnis zur Dichtung suchen. Er sollte den Dichter als Gehilfen und Bundesgenossen respektieren. Oft ist gerade das Elementare, aus dem sich große Ereignisse zusammensetzen oder in dem sie sich im Kleinen vollziehen, hinreichend nur von Dichtern wiederzugeben. In Werken von

Musil, Broch, Kafka, von Günter Grass, Kai Hoff, Böll, auf ganz andere Weise von Hochhuth sind durchaus respektable Elemente von Geschichtsschreibung enthalten. Bei allen möglichen »Fehlern« im Einzelnen können sie im Ganzen wesentliche Seiten der Dinge unter Umständen weitaus besser erfassen, als ein Historiker das mit seinen gewöhnlichen Werkzeugen könnte. Auch hier äußert sich ein Stück Konvergenz der Sachgebiete. Vielleicht also sollten sich Historiker und Dichter heute nicht unbedingt gerade zusammenraufen, aber doch einander entgegenraufen. Im Inhaltlichen kann das nur für die Deutung der Gegenwart etwas hergeben, was aber doch auch schon etwas wäre. Im Formalen jedoch, in Fragen und Kategorien kann der Nutzen weit darüber hinausgehen.

Sehr ernst zu nehmen ist etwa die Beobachtung der in der modernen Literatur beliebten Perspektive der Clowns, Blechtrommler, Radfahrer und Obergefreiten – manchem mag es lächerlich erscheinen, aber man sollte sich doch die Frage stellen, ob das Bild, das sich aus dieser Perspektive ergibt, so viel unangemessener ist als das aus der Vogelperspektive des Historikers. Ist historisches Geschehen nicht oft in der Absurdität, in der es von unten erscheint, eher redlicher erfaßt als in dem Sinn, den der Historiker in ihm sucht? Das gilt für jetzt, das kann aber auch für früher gelten. Wahrscheinlich liegt die Wahrheit über die ausgehende österreichisch-ungarische Monarchie nicht bei Hofmannsthal und nicht bei Hašek, und auch nicht in der Mitte, sondern sie umfaßt beider Gesichtspunkte und viele andere mehr.

Es fragt sich also, ob man es nicht einmal mit einer multiperspektivischen Geschichtsschreibung versuchen sollte. Im 5. Jahrhundert v. Chr. also Euripides und Aristo-

phanes nicht nur erwähnen und zitieren, sondern strek-
kenweise aus der in ihnen zu fassenden Perspektive des
kleinen Mannes, des Vorläufers vom Schwejk, schreiben.
Daneben kann man die Handelnden auf der Bühne aus
anderer Perspektive zu ihrem Recht kommen lassen. Wieder eine andere Perspektive wäre die Fernsicht dessen, der
auf Zusammenhänge erpicht ist, die auf ihre Weise ebenfalls gültig sind. Dabei kann man dann auch die Gesichtspunkte des urteilenden und verurteilenden Zeitgenossen
wie das eigene Urteil gegenüber den jeweils frisch entste-
henden, zwischen gut und böse sich bewegenden Handlungen zur Geltung kommen lassen.

Oft fehlt die Perspektive der Kleinen und der Opfer
in den Quellen. Aber vielleicht finden sich zumindest in
manchen dieser Fälle Möglichkeiten, sie in einer zusam-
mengerückt-idealtypischen Weise zu rekonstruieren. Jedenfalls setzt dieses Verfahren viele Möglichkeiten frei
und erspart einem die direkte Relativierung von einerseits
und andererseits, die die Gerechtigkeit historischer Werke
oft so unirdisch und ungenießbar macht.

Dies ist ein Vorschlag. Erweist er sich als unbrauchbar, so bleibt auf jeden Fall das Problem, von dem er ausging, bestehen: daß auch in der Darstellung die Verantwortung des Zeitgenossen ihre Forderungen stellt. Daß
das Vorstellungsvermögen des Empfängers historischer
Aussagen stärker angesprochen wird – daß neue Methoden der Darstellung gefunden werden müssen, weil wir
die Geschichte heute umfassender und tiefer verstehen
und das System selbstverständlicher Vorstellungen und
Auffassungsweisen unserer Väter dahin ist. Alles in allem
also: ein starkes Defizit im Fach Geschichte, das zugleich
ein Versagen gegenüber Gegenwart und Zukunft ist. Es

bietet sich ein trostloses Bild. Wenn Studenten darüber zu Rebellen werden, so ist das nur zu gut zu verstehen. Wenn sie auf Ladenhüter der Geistesgeschichte zurückgreifen und – mit Günter Grass zu sprechen – Revolutionen das Wort reden, die längst stattgefunden und sich selbst umgebracht haben, sollte dies angesichts völliger Orientierungslosigkeit auch nicht wundernehmen.

Aber wo ist der Ausweg? Wird nicht alles, wenn man es so gründlich bedenkt, viel schwieriger, als es ohnehin schon ist?

Ich glaube nicht. Abgesehen davon, daß sich Schwierigkeiten solcher Art nicht durch Ignorieren beheben lassen, ist es mir gar nicht ausgemacht, daß nicht mit den Schwierigkeiten auch die Kräfte wachsen können, vielleicht nicht im gleichen Maße, aber immerhin – wenigstens wenn man die Sache richtig anpackt und die Kräfte richtig lenkt.

Man kann das an den heutigen Studenten erläutern. Es wird viel über sie geklagt. Sie wissen nichts, sie lernen wenig, sie können sich nicht konzentrieren, sie studieren zu lange. Sofern das stimmt, ist es aber nur die eine Seite der Sache. Die positive Kehrseite ist eine umfassendere Aufmerksamkeit und zumindest potentiell geschärfte Wachheit und Verantwortlichkeit. In manchen Ländern rings um das hiesige hat sich schon offen die Lage eingestellt, daß das, was die Professoren erwarten, von den Studenten nicht geleistet wird, und das, was die Studenten erwarten, von den Professoren nicht. Die Professoren nehmen Rücksicht, indem sie die Anforderungen verbilligen. Die Studenten nehmen keine Rücksicht, geben höchstens die Professoren gleich ganz auf, jedenfalls die aufgeweckteren unter ihnen. Meines Erachtens sind die studentischen Erwartungen zum guten Teil berechtigt. Die Krise der Universität ist eine Krise nicht so sehr ihrer Organisation wie der Wissenschaft. Der ständige Hinweis auf die Organisation und deren Mängel und die Organisierwut unserer Tage ist weithin nicht mehr als ein Alibi. Woran es fehlt, ist relevante Arbeit.

Zunächst dies sollte, wenn ich damit auf die Geschichte zurückkommen darf, erkannt werden. Die Relevanz der Geschichte ergibt sich daraus, daß sie mit Vergangenheit *und* Gegenwart zu tun hat. Ihr Stoff ist die Vergangenheit, die sie kennenlernen, verstehen und auch lieben will. Der Sinn ihrer Tätigkeit aber muß weithin darin gesucht werden, daß sie zur Bewältigung der Gegenwart beiträgt. Diese Gegenwart sucht sie ohnehin in ihrer Sache überall heim, und sie begegnet ihr in den Studenten. Die Geschichte ist es also diesen Studenten und künftigen Lehrern wie allen an ihr Interessierten schuldig, die Welt, soweit es geht, begreifbar zu machen und damit auch änderbar. Dazu braucht es eine Richtungsänderung von Forschung und Lehre. Auf Theorie, Begriffe, Begreifenswerkzeuge, Erörterung der ethischen Seite des Geschehens, neue Methoden der Darstellung. An dieser Stelle entsteht zugleich die Möglichkeit eines neuen fruchtbaren Zusammenwirkens zwischen Älteren und Jüngeren. In der Form der Diskussion weithin! In der Einübung von Einarbeitungsmöglichkeiten. Dabei ist zu bedenken, daß die Verstrickung des Älteren in den unzähligen Fangarmen der Gegenwart und innerhalb der relativ geschlossenen Gesellschaft historischer Zunft dazu führt, daß die mehr von außen kommenden Studenten einen höchst wesentlichen Beitrag zum Gedeihen dieser Wissenschaft zu leisten vermögen. Wenn ich Carrs

Geschichte vom Garten Eden und das Märchen von des Kaisers neuen Kleidern hier kombinieren darf: Sie sind die Kinder, die am ehesten unsere neuen alten Kleider als das erkennen, was sie sind. In der Entwicklung der Theorie, im Nachdenken über die Grundgegebenheiten von Geschichte, Gesellschaft und Politik ergibt sich aber auch die Möglichkeit, Gespräche über die Grenzen, insbesondere zum andern Teil Europas hin, zu eröffnen, zu dem man nun einmal nur über grundsätzliche geistige Auseinandersetzungen wird finden können.

Schließlich aber ist eines noch zu bedenken: Unter den vielfältigen Bedingungen unserer Zeit ist mit vielem anderen auch der so ehrbare, schöne alte Spruch *ora et labora* unzulänglich geworden. Er kann erst wieder gelten – soweit man das *ora* beibehalten will – wenn ein *cogita* hinzugefügt worden ist. Dann ist er nicht mehr schön, aber zulänglich. Ist es mit der bisherigen Bestimmung der Aufgabe der Universität durch Forschung und Lehre nicht ebenso? Setzt die Fruchtbarkeit der Wissenschaft in Forschung und Lehre nicht ebenso wie die Verantwortung des Zeitgenossen in dieser Zeit voraus, daß ein Drittes hinzukommt: die kritische Funktion der Universität, gegen links wie gegen rechts, gegen die Gesellschaft wie gegen sich selbst, gegen die Zeit und dadurch auf die Zeit und hoffentlich zu Gunsten einer kommenden Zeit zu wirken?

Nachbemerkung

Es ist etwas Kurioses mit der Zeitgenossenschaft. Ranke
hat ihr »eine unendliche Wirkung auf das Individuum«
zugesprochen. Das war an seinem 90. Geburtstag. Und in
der Tat: Je länger man in ihren Genuß kommt, um so
deutlicher wird einem, wie sehr die Zeit einen mitnimmt
(im doppelten Sinne des Wortes). In ständigem Konflikt
mit einem Beharrungsstreben, und doppelt und dreifach
in einer Zeit, der die Zeit selbst davonzulaufen scheint.
Sie formt, es ergeben sich aus ihr und auf sie hin Abwehrreaktionen, Chancen und Herausforderungen; Erfahrungen und Zuspitzungen des Interesses; Empfindlichkeiten,
Idiosynkrasien, und das alles teils bewußt, teils unbewußt.

Was hat das mit dem Historiker, genauer: mit seiner
Erforschung und Darstellung von Geschichte, zu tun?
Und gar im Falle der Griechen und Römer? Die Frage
hat mich in meiner Basler Antrittsvorlesung von 1968 beschäftigt.

Damals stand ich – im weiteren Rahmen spezifischer
Erlebnisse meiner Generation – unter dem Eindruck der
Überlegungen Robert Musils über »das hilflose Europa«:
»Wir waren ... vielerlei und haben uns dabei nicht geändert, wir haben viel gesehen und nichts wahrgenommen.
Darauf gibt es, glaube ich, nur eine Antwort: Wir besaßen
nicht die Begriffe, um das Erlebte in uns hineinzuziehen,
oder auch nicht die Gefühle, deren Magnetismus sie dazu
aktiviert.«

Rund 45 Jahre später ist vielleicht eine Probe auf das Exempel angebracht. Stets hat mir die Zeitgenossenschaft zu denken gegeben. Vielerlei Fragen der Gegenwart habe ich an die Vergangenheit gewandt. Nach der Lebensfähigkeit einer Republik etwa, nach kollektiver Identität, Gewalt, Angst, Mentalität oder nach dem Politischen (das sich mit Carl Schmitt gegen Carl Schmitt interpretieren ließ).

Stets haben mich die Grenzen der Spielräume in Situationen und Epochen, in Völkern und Kulturen beschäftigt; Befangen-, ja Benommenheiten von kürzerer oder längerer Dauer – oder soll man sagen: Vor-Eingenommenheiten? –, die jeweils als nicht geringe Zutaten das Handeln und Unterlassen bestimmten. Vergleiche mit außereuropäischen Kulturen habe ich, leider zu zaghaft, unternommen. Immer mehr und immer anders stellten sich mir die Fragen nach den Eigenheiten der Griechen und Römer und schließlich nach der sonderbaren Öffnung ganz neuer Horizonte, erst durch die Griechen, dann im mittelalterlich/neuzeitlichen Europa.

Und wenn heute die Spielräume weit ins Grenzenlose zu reichen scheinen: sind damit nicht neue, vielleicht gar eng gezogene Grenzen vermacht? Aus solchen Fragen ergab sich die Zwischenbilanz der Abschiedsvorlesung.

Was hat diesen Gang bestimmt? War es das Aufeinanderfolgen von Problemen der Forschung und Lehre, das mir den Weg wies? Oder doch eher das Erleben der Zeit, das immer aufdringlicher werdende Auslaufen des Europazentrismus? Die Besinnung auf die notwendige, die zugleich problematische Spannung zwischen der Welt der Geschichte und der Welt des Historikers? Oder

läßt sich das gar nicht trennen? Sollte man auch in Hinsicht auf die Geschichtswissenschaft der Frage nach
Möglichkeiten und Grenzen stärker nachgehen? Wer will
das wissen? Aber einige Überlegungen ist es vielleicht
wert.